일본아줌마의
오이시이 집밥

일본아줌마의
오이시이 おいしい 집밥

변혜옥 지음

조선앤북

 prologue

일본아줌마가 소개하는 완전 쉬운 일본요리

　안녕하세요. 11년 전에 호주에서 첫눈에 반한 일본 남자를 꾀어서 7년 연애하고 결혼해 현재는 일본에서 거주하고 있는 일본아줌마입니다.

　제가 요리책을 내다니! 10년 전이라면 지나가던 개가 컹컹 하며 웃었을 텐데 일본에 살면서 시부모님, 시동생, 신랑, 그리고 저까지, 이렇게 5인 가족의 각기 다른 입맛을 맞춰가며 요리를 만들다 보니 이런저런 경험이 쌓이게 되었고 그러다 정말 운 좋게도 이렇게 책까지 내게 되었답니다.

　3개월간 매일같이 요리하고 사진 찍고 하며 정신없이 보내다가 이렇게 원고를 끝내고 보니 정말 만감이 교차하네요. 처음 시작할 때는 '어차피 매일 하는 요리, 쉽게쉽게 하면 되지 뭐~' 이런 기분으로 콧노래를 부르며 즐겁게 했는데 시간이 갈수록 전혀 쉽지 않고 '역시 인생은 얄짤 없구만!'이라는 진리만 새삼 깨닫게 되었어요. 혼자 레시피 만들고, 요리하고, 원고 정리하고 하다 보니 3개월간은 집안일도 거의 못하고 신랑 도시락도 제대로 못 챙겨줬어요. 게다가 중간에 일본에 큰 지진까지 나서 일주일간은 완전 패닉 상태에 빠져 있기도 했고, 정말 여러모로 쉽지 않은 시간들이었어요. 마지막 조리 과정과 완성 사진을 찍고 최종 파일 정리까지 마친 바로 그 다음날 몸살감기에 걸린 거 보면 강철 체력을 가졌다 자부하는 저도 나름 정신적으로 육체적으로 많이 힘들었었나 봐요. 근데 만날 요리 만들고 먹고 해서 절대 살은 안 빠졌다는 거. -_- 징글징글한 살들 같으니.

　지난 3개월간은 신랑이 "한국 음식 먹고 싶어~" 해도(신랑이 한국 음식 정말 좋아하거든요. 묵은 김치, 삼합, 선지해장국, 이런 것도 정말 잘 먹어요. 궁디 팡팡!) "안 돼! 지금 일본 요리 하루에 세 개씩 만들어야 해!" 하면서 매몰차게 거절하고 "저번에 먹었던 미소카츠 먹고 싶어~" 해도 "안 돼! 그건 이미 사진 찍었어!" 하면서 무시하고, 암튼 한동안 신랑이 원하는 음식을 제대로 못해줬었네요. 이제부터는 먹고 싶어 하는 거 많이 해줘서 신랑을 기쁘게 해줘야겠어요.

이 책에는 실제 일본 가정집에서 해 먹는 음식부터 일본 여행 때 드셔보셨을 요리까지 다양한 일본 요리 레시피를 담았어요. 우선 우리집 식탁에 날마다 오르내리는, 매일 시어머니께 배우고 있는 일본 가정요리들을 넣었답니다. 한국분들도 좋아하실 만한 간단하고 맛있는 음식들이 아주 많거든요. 그리고 여행 중에 맛보셨을 일본요리들도 다양하게 넣었어요. 저는 여행을 가면 무조건 식도락 여행이에요. 그래서 여행에서 돌아오고 나면 여행지에서 먹었던 맛있는 음식들이 자꾸만 떠올라서 괴로워하다 집에서 꼭 해 먹어보는 편이거든요. 일본 여행 와서 드셔보신 그 맛이 그리운데 어떻게 해야 할지 몰라 고민하는 저 같은 분들께 이 책이 조금이나마 도움이 되었으면 좋겠어요.

그리고 초보들도 금방 따라 할 수 있도록 완전 대박 간단 레시피로 구성했어요. 일단 어렵고 복잡한 요리는 제가 만들 줄 모르거든요. -_- 혹시라도 좀 어려울 거 같은 부분은 세세하게 설명했으니까 걱정은 사요나라! 만들다 보면 생략해도 될 것 같은 과정들도 적당히 다 뺐어요. 특히나 어려운 조리 도구가 필요한 요리는 아예 건드리지도 않았어요. 예를 들어 요리 초보이신 분들은 오븐도 없는 경우가 많길래 오븐이 필요한 요리는 다 뺐답니다.

아무쪼록 이 책이 요리를 직접 만들어 먹은 후에 '아 맛있다~' 하는 소박한 즐거움을 주고, 또 일본 여행을 다녀오신 분이라면 음식을 통해 그때의 추억을 다시 한 번 되살려 주는 그런 역할을 할 수 있다면 정말 기쁠 것 같아요. 이 책과 함께 즐겁게 요리하시고 좋아하는 사람들과 모여서 음식을 나눠 먹으며 행복한 시간 가지시길 기원합니다. 책이 나올 수 있도록 응원해주신 모든 분들에게 감사드립니다.

 변혜옥

 contents

prologue | 일본아줌마가 소개하는 완전 쉬운 일본요리 •04

계량법 •12
재료 써는 방법 •13
일본의 기본 조미료 •14
베이스 만들기 •16

 밥과 함께라면 딱!
밥반찬

푸딩처럼 부드러운
일본식 달걀찜 •22
茶碗蒸し 차완무시

촉촉하고 보들보들한
달걀말이 •24
だし巻き卵 다시마키타마고

달콤하고 부드러운
단달걀말이 •26
甘い卵焼き 아마이타마고야끼

라면에 넣으면 제맛!
간장반숙달걀 •27
味付け卵 아지츠케타마고

감자의 부드러움과 채소의 아삭함
감자샐러드 •28
ポテトサラダ 포테토사라다

왕간단하게 만들어도 그럴싸한
감자그라탱 •30
じゃがいもグラタン 쟈가이모그라탕

고소함으로 버무린
시금치깨무침 •32
ほうれん草のごま和え 호렌소우노고마아에

짭조름한 간장이 밴 아삭한
우엉조림 •34
きんぴらごぼう 킨삐라고보

부드러운 흰자와 노른자의 하모니
온천달걀 •36
温泉卵 온센타마고

채소도 함께 먹자!
온천달걀샐러드 •37
温泉卵サラダ 온센타마고사라다

5분 안에 만드는 아삭한
숙주볶음 •38
もやし炒め 모야시이타메

낫토를 더욱 맛있게
김치오징어회낫토 •40
キムチ&いか刺身の納豆 키무치&이카사시미노낫토

낫토를 깔끔하게 즐겨요~
유부낫토 •41
納豆の油揚げ詰め낫토노아부라아게즈메

콩비지를 색다르게
비지볶음 •42
卯の花煮 우노하나니

가지의 대변신!
가지가츠오절임 •44
ナスの煮びたし 나스노니비타시

가지와 돼지고기는 찰떡궁합!
가지미소볶음 •46
なすの味噌炒め 나스노미소이타메

피망이 듬뿍 들어간
돼지고기미소볶음 •48
豚肉とピーマンの味噌炒め
부타니쿠토피망노미소이타메

향이 좋은 버섯 소스의
두부스테이크 •50
豆腐ステーキ 토후스테키

부드럽게 톡 쏘는
오징어수미소 •52
イカの酢味噌和え 이카노수미소아에

버섯의 쫄깃함이 좋아요!
버섯조림 •53
きのこのしぐれ煮 키노코노시구레니

톳의 고소함이 담긴
톳조림 •54
ひじきの煮物 히지키노니모노

미소소스를 얹은 부드러운 무
후로후키다이콘 •56
ふろふき大根 후로후키다이콘

횟집 스키다시보다 더 맛나는
단호박조림 •58
かぼちゃの煮物 카보챠노니모노

배추의 단맛을 느끼는
배추조림 •60
白菜のさっと煮 하쿠사이노삿또니

볶음밥과 라멘에 필수 아이템!
차슈 •61
チャーシュー 차슈

된장의 풍미가 가득한 고기미소볶음
니쿠미소 •62
肉味噌 니꾸미소

일본에서 유행 중인 그냥 먹는 고추기름
타베루라유 •63
食べるラー油 타베루라유

산뜻하고 아삭아삭한 배추절임
츠케모노 •64
白菜の漬物 하쿠사이노츠케모노

두 가지 맛을 즐기는
부추무침 •66
にら和え 니라아에

새콤달콤 짭조름한 채소초절임
아사즈케 •67
浅漬け 아사즈케

아삭아삭한 오이와 겨자의 만남
카라시즈케 •68
からし漬け 카라시즈케

먹으면 먹을수록 중독되는 다시마조림
콘부노츠쿠다니 •69
昆布の佃煮 콘부노츠쿠다니

2 후루룩~ 먹는 따뜻한 한 입!
국·찌개

일본 가정식 기본 중의 기본
두부미역미소시루 •72
わかめの味噌汁 와카메노미소시루

겨울에 먹으면 더 맛있는
배추미소시루 •73
白菜の味噌汁 하쿠사이노미소시루

조개 국물이 시원한
조개미소시루 •74
貝の味噌汁 카이노미소시루

버섯 좋아하는 내 입에 딱!
버섯미소시루 •75
キノコの味噌汁 키노코노미소시루

따끈하고 보드라운
감자미소시루 •76
ジャガイモの味噌汁 쟈가이모노미소시루

카레와 나베와 리조토가 하나로!
카레나베 •78
カレー鍋 카레나베

채소가 아삭아삭 씹히는 따끈한
토마토나베 •80
トマト鍋 토마토나베

골라 먹는 재미의 뜨끈한
오뎅탕 •82
おでん 오뎅

〈심야식당〉 음식 따라잡기!
돈지루 •84
豚汁 돈지루

진한 국물의
곱창전골 •86
もつ煮込み鍋 모츠니코미나베

더운 여름에 시원한
미소냉국 •88
冷やし汁 히야시지루

채소의 깊은 맛이 살아 있는
미네스트로네 •89
ミネストローネ 미네스트로네

3 이거 한 그릇이면 충분해!
밥요리

일본 드라마 보면 꼭 나오는
참치마요네즈오니기리 •92
ツナマヨおにぎり 츠나마요오니기리

누룽지까지 즐길 수 있는
미소간장오니기리 •94
焼きおにぎり 야키오니기리

촉촉한 국물이 밴 돈가스덮밥
카츠돈 •96
カツ丼 카츠돈

간편하게 만들어 먹는 참치회덮밥
마구로즈케돈 •98
まぐろづけ丼 마구로즈케돈

보드레하고 담백한 달걀닭고기덮밥
오야코돈 •100
親子丼 오야코돈

화려한 튀김옷을 입은 새우튀김덮밥
텐돈 •102
天丼 텐돈

달짝지근하고 부드러운 소고기덮밥
규돈 •104
牛丼 규돈

숯불 향이 솔솔 나는 돼지고기덮밥
부타돈 •106
豚丼 부타돈

기운 없을 때 먹는
소고기카레라이스 •108
牛肉カレーライス 규니쿠카레라이스

반찬 없어도 술술 넘어갑니다~
돈가스카레 •110
カツカレー 카츠카레

밥 한알한알 탱글탱글한
달걀볶음밥 •112
チャーハン 차항

구수한 향이 가득한
낫토볶음밥 •114
納豆チャーハン 낫토차항

해산물이 통통하게 씹히는
해물볶음밥 •116
海鮮チャーハン 카이센차항

보들보들 촉촉한
오므라이스 •118
オムライス 오무라이스

두 가지 맛을 즐기는
소보로돈 •120
そぼろ丼 소보로돈

아플 때 식욕을 돋워주는
미소죽 •121
味噌おかゆ 미소오카유

입맛 없을 때 후루룩
명란젓오차즈케 •122
たらこお茶漬け 타라코오차즈케

남은 회도 맛있게 먹자!
광어회오차즈케 •123
ヒラメお茶漬け 히라메오차즈케

4 밥보다도 당기는 면요리

가츠오 육수로 깔끔하게 만드는
카레우동 •126
カレーうどん 카레우동

쫄깃쫄깃한 면발의 볶음우동
야키우동 •128
焼きうどん 야키우동

몸속까지 따뜻해지는
나베우동 •130
鍋焼きうどん 나베야키우동

여름 겨울 가릴 것 없이 언제나 맛나는 메밀국수
모리소바 •132
もりそば 모리소바

바삭한 면 위에 부드러운 해물 소스
해물야키소바 •134
あんかけかた焼きそば 앙카케카타야키소바

축제 구경 가면 꼭 먹는 길거리 음식
소스야키소바 •136
ソース焼きそば 소스야키소바

바삭한 튀김과 따끈한 국물
튀김메밀소바 •138
天ぷらそば 텐푸라소바

고기의 단맛이 국수 속으로~
고기메밀소바 •139
肉そば 니쿠소바

따끈따끈 구수한
미소라멘 •140
味噌ラーメン 미소라멘

여름에 더욱 맛있는
냉라멘 •142
冷やし中華 히야시추카

여름에 식욕 없을 때 딱!
냉소면 •144
冷やしそうめん 히야시소멘

부드러운 크림이 듬뿍
명란젓스파게티 •146
たらこスパゲティ 타라코스파게티

마늘과 베이컨의 환상의 조화
페페론치노 •148
ペペロンチーノ 페페론치노

나폴리에는 없고 일본에만 있어요~
나폴리탄 •150
ナポリタン 나폴리탄

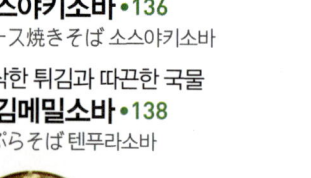

오늘의 특별 메뉴!
메인요리

육즙이 철철~
햄버그스테이크 •154
和風ハンバーグ 와후함바그

생강 싫어하는 사람도 끌리는 맛
생강돼지고기구이 •156
生姜焼き 쇼우가야키

가장 자주 해먹는 음식 중 하나!
소고기감자조림 •158
肉じゃが 니꾸쟈가

평소에도 즐겨 먹는 오세치 요리
새우조림 •159
海老のつや煮 에비노츠야니

두툼하고 바삭바삭한
돈가스 •160
とんかつ 돈가츠

입안에서 녹는 부드러운 삼겹살
통삼겹살찜 •162
豚の角煮 부타노카쿠니

가츠오 육수와 함께 먹는 고소한 두부!
두부튀김 •164
揚げ出し豆腐 아게다시도후

느끼하지 않은 부드러운 고기튀김
멘치카츠 •166
メンチカツ 멘치카츠

광택이 흐르는 간장 양념 닭구이
데리야키치킨 •168
照り焼きチキン 테리야키치킨

스키야키 뺨 치는 맛!
두부조림 •170
しみしみ豆腐 시미시미토후

겨울 생선의 고소한 맛!
방어무조림 •172
ブリ大根 부리다이콘

생강을 넣어 비리지 않은
고등어미소조림 •174
さばのみそ煮 사바노미소니

고소한 알을 품은
가자미조림 •176
カレイの煮付け 카레이노니츠케

담백한 생선의 맛을 끌어올리는
대구무니엘 •177
たらのムニエル 타라노무니에르

왜 이렇게 맛있는 거니!
감자고로케 •178
じゃがいもコロッケ 쟈가이모고로케

소스 없이 먹는
스키야키고로케 •180
すき焼きコロッケ 스끼야키고로케

느끼하지 않아요~ 고소해요~
옥수수크림고로케 •181
クリームコロッケ 크리무고로케

채소의 단맛이 살아 있는
채소튀김 •182
かき揚げ 카키아게

미소의 깊은 양념이 밴
굴미소조림 •184
牡蠣のみそ煮 카키노미소니

일본에서도 즐겨 먹는 보드라운 그 맛!
화이트크림소스그라탱 •186
グラタン 그라탕

일본에서는 탕수육을 이렇게 만들어요~
탕수육 •188
酢豚 수부타

함께 먹으면 더 맛있는
가족요리

겉은 바삭하고 속은 부드러운
오코노미야키 •192
お好み焼き 오코노미야키

아삭한 채소와 고소한 야키소바가 가득!
히로시마풍 오코노미야키 •194
広島風お好み焼き 히로시마후오코노미야키

보들보들한 식감이 좋은
치보의 오코노미야키 •196
千房のお好み焼き 치보노오코노미야키

못생겨도 맛은 최고라는 게!
몬자야키 •198
もんじゃ焼き 몬자야키

꼭 날달걀에 찍어 드세요!
스키야키 •200
すき焼き 스키야키

두부의 참맛이 느껴지는
유도후 •201
湯豆腐 유도후

온 가족이 모였을 때 단골 메뉴!
샤브샤브 •202
しゃぶしゃぶ 샤브샤브

일본 연예인 레시피 따라 해봤어요~
스팀샤브샤브 •203
蒸ししゃぶ 무시샤브

겉은 바삭하고 속은 주시한 닭튀김
카라아게 •204
唐揚げ 카라아게

바삭한 일본식 튀김의 비법 알려드립니다!
채소모듬튀김 •206
野菜の天ぷら 야사이노덴푸라

가족들과 함께 만드는 손말이초밥
테마키즈시 •208
手巻き寿司 테마키즈시

예쁜 생선회를 종류별로~
치라시즈시 •210
ちらし寿司 치라시즈시

바삭바삭한 음식의 최고봉!
춘권 •212
春巻き 하루마키

바삭바삭 촉촉한 군만두
야키교자 •214
焼き餃子 야키교자

집에서 즐기는 육즙 가득 소롱포의 맛!
주시교자 •216
ジューシー餃子 쥬시교자

밀가루 대신 무를 이용한 웰빙 만두!
다이콘교자 •218
大根餃子 다이콘교자

7 술보다 더 맛있는
술안주

겉은 바삭~ 속은 부들부들~
소금간장닭꼬치 •222
焼き鳥 야키토리

10분이면 뚝딱 만드는
바지락찜 •224
あさりの酒蒸し 아사리노사케무시

돈 걱정 없이 집에서 만들어 실컷 먹으리!
칠리새우 •226
エビチリ 에비치리

부드러운 양배추 속에 고기를 채운
롤캐비지 •228
ロールキャベツ 로루캬베츠

보들보들함 속에 아삭함
닭츠쿠네 •230
鳥つくね 토리츠쿠네

자꾸만 생각나는 매운맛!
사천식 마파두부 •232
四川麻婆豆腐 시센마보도후

오뎅 속에 치즈가 쏘옥~
치쿠와오뎅튀김 •234
ちくわの天ぷら 치쿠와덴푸라

쫄깃쫄깃 고소한
문어튀김 •235
たこから揚げ 타코카라아게

맥주의 영원한 친구
오징어버터간장구이 •236
いかのバター醬油焼き 이카노버터쇼유야키

입맛을 돋우는
문어초무침 •237
たこの酢の物 타코노수노모노

초 간단한 술안주
오뎅파무침 •238
ちくわのネギ和え 치쿠와노네기아에

칼칼하게 무친
고추기름오이무침 •239
きゅうりのラー油和え 큐리노라유아에

세 가지 두부요리를 한꺼번에!
양념냉두부 •240
冷奴 히야얏코

술안주는 간단해야 제맛!
오이치즈오뎅 •241
チーズ&きゅうり入りちくわ 치즈&큐리이리치쿠와

깊은 맛을 내는
참치회간장절임 •242
まぐろづけ 마구로즈케

돼지는 혀도 맛있다!
돼지혀소금구이 •243
ねぎ塩タン 네기시오탄

일본 곳곳의 숨은 맛
8 지역요리

핫초우미소가 들어간 나고야 우동
미소니코미우동 •246
味噌煮込みうどん 미소니코미우동

나고야의 명물 돈가스
미소돈가스 •248
味噌カツ 미소카츠

홋카이도에서의 추억
수프카레 •250
スープカレー 스프카레

센베가 수제비처럼 변하는
센베지루 •252
せんべい汁 센베이지루

오키나와의 당근 요리
당근달걀볶음 •254
にんじんしりしり 닌진시리시리

오사카의 독특한 튀김 요리
꼬치튀김 •256
串カツ 쿠시카츠

국물이 끝내주는 이와테 현의 특제 라멘
멍게라멘 •258
ほやラーメン 호야라멘

오키나와 요리 고야참플을 아시나요?
고야참플 •260
ゴーヤチャンプル 고야참푸루

쌀이 맛있는 아키타의 향토 음식
키리탄포 •262
きりたんぽ 키리탄포

생강 기운이 후끈한 아오모리 요리
생강미소오뎅 •263
生姜味噌おでん 쇼가미소오뎅

맛도 모양도 모두 사랑스러운
9 디저트와 베이커리

고급스러운 맛의 찹쌀떡
딸기모찌 •266
いちご大福 이치고다이후쿠

전자레인지로 뚝딱 만드는
밀크푸딩 •268
ミルクプリン 미르쿠푸링

굉장히 있어 보이는
자몽젤리 •269
グレープフルーツゼリー 그레프프루츠제리

어른을 위한 쌉쌀한 디저트
녹차젤리 •270
抹茶ゼリー 맛차제리

아삭아삭한 사과 과육이 살아 있는
사과젤리 •271
リンゴゼリー 링고제리

심플하지만 언제나 맛있는
오이달걀샌드위치 •272
きゅうり&卵サンド 큐리&타마고산도

에키벤에서 배워온
돈가스샌드위치 •274
カツサンド 카츠산도

이거슨 신세계!
명란젓토스트 •276
たらこトースト 타라코토스토

생김새부터 귀염 작렬!
경단꼬치 •277
みたらし団子 미타라시단고

쫄깃하고 투명한 전통 디저트
와라비모찌 •278
わらびもち 와라비모찌

30분 안에 만드는 피자
데리야키피자 •280
照り焼きピザ 데리야키피자

우유랑 먹으면 정말 맛있는
카레빵 •282
カレーパン 카레팡

생크림과 과일이 한가득!
딸기바나나크레페 •284
クレープ 크레프

오븐 없이 만드는 케이크
밀푀유케이크 •286
クレープのミルフィーユ 크레프노밀피유

도넛 전문점 따라잡기
두부도넛 •288
豆腐ドーナツ 도후도나츠

index •290

warming up ❶

계량법

요리하는 데 익숙해지면 감으로 조미료 쓱쓱 넣고 대충 만들어도 맛있지만 처음 음식을 배울 때 계량을 제대로 하지 않으면 난리 납니다. 밥숟가락 계량도 많이들 하시는데 이건 사실 거의 눈대중이기 때문에 오히려 저에겐 더 어렵더라고요. 여러분도 그냥 계량컵, 계량스푼 하나씩 지르세요! 천원숍에서도 얼마든지 구매 가능하고, 하나 사두면 오래오래 요긴하게 쓸 수 있기 때문에 절대 돈 낭비가 아니에요.
이 책의 레시피에 등장하는 재료는 모두 계량컵, 계량스푼으로 계량하여 cc, 큰술, 작은술 등의 단위를 사용했어요. 종이컵과 밥숟가락으로 하면 대충 어느 정도인지 비교해보실 수 있게 사진도 넣어봤어요.

컵

1컵 = 계량컵 200cc(ml) = 종이컵 한가득

약간 (가루 종류)

엄지와 검지로 가볍게 집는 양

주먹

가볍게 주먹을 쥐었을 때 들어오는 정도의 양

1큰술

계량스푼 15cc(ml) = 밥숟가락 볼록하게

1/2큰술

계량스푼 15cc의 2/3 높이 정도로 채운 양

1작은술

계량스푼 5cc(ml) = 티스푼 볼록하게

1/2작은술

계량스푼 5cc의 2/3 높이 정도로 채운 양

g

집에 저울이 있으면 손쉽게 무게를 잴 수 있어 편해요. 하지만 없어도 걱정은 NO~ 요즘엔 재료를 사면 대부분 무게가 적혀 있으니 그걸 기본으로 분량을 가늠하면 돼요. 이건 404g의 내용물이 들어 있으니까 100g이 필요할 때는 1/4로 나눠 쓰면 대충 100g이 되겠죠.

warming up ❷

재료 써는 방법

재료 써는 방법은 사실 특별하게 따로 알려드릴 게 없긴 해요. 레시피마다 재료를 어떻게 조각 냈는지 다 사진을 찍어서 넣어뒀으니까요. 그렇지만 한곳에 모아놓으면 보기가 더 편하지 않겠나 싶어서 정리해보았습니다. 가장 기본적인 방법만 올려요. 실제 레시피에서도 다 기본 칼질 방법만 이용했어요~

얇게 썰기

말그대로 그냥 얇게 써는 거. 슬라이서를 이용해 자르면 균일하고 진짜 얇게 썰 수 있어요. '슬라이서로 썰어주세요'라는 설명이 있다면 얇게 썰어 달라는 의미예요.

어슷썰기

단면을 비스듬하게 칼질해 재료 표면적이 더 넓어지도록 만드는 방법이에요.

채썰기

채 써는 건 얇게 어슷썰기를 한 후 또 한 번 길쭉하게 썰기만 하면 되요. 귀찮으면 채칼을 이용하면 되고요.

잘게 썰기

채 썬 재료를 다시 막 썰어주면 돼요.

깍둑썰기

정사각형으로 네모지게 깍두기 썰듯 써는 방법이에요.

연필 깎기 썰기

칼로 연필을 깎을 때처럼 재료를 써는 방법이에요. 재료를 비스듬히 세우고 썰어주면 돼요. 보통 재료가 딱딱하면 얇게 깎고 재료가 말랑말랑하면 두껍게 깎아줍니다.

 warming up ❸

일본의 기본 조미료

일본에서는 조미료의 〈사さ, 시し, 수す, 세せ, 소そ〉를 기본 조미료로 사용하고 있어요.

설탕(さとう사토우) 소금(しお시오) 식초(す수) 간장(せうゆ세유) 미소(みそ미소)

설탕, 소금, 식초, 간장은 한국에서 쓰는 걸 사용하시면 되니까 따로 설명 필요 없을 것 같고요, 일본 된장인 미소 등 일본에서 많이 쓰이는 기본 식재료와 조미료 등에 대해 간단하게 소개해드릴게요. 기본적으로 한국에서 구하기 어려운 종류는 거의 사용하지 않고, 대형 마트나 인터넷 식재료 사이트에서 쉽게 구입하실 수 있는 것들만 레시피에 사용했으니 구매 시 참고해주세요.

미소된장

가장 대중적인 미소예요. 미소된장국이나 수미소소스를 만들 때 사용한답니다. 한국 된장보다 입자가 좀 더 고운 편이에요. 콩 입자가 거의 안 느껴지는 미소도 있고 미소된장국용으로 육수가 포함된 미소도 있어요.

핫초우미소

아이치 현의 미소로 검붉은 색상이 특징이에요. 일반 미소랑 달리 짠맛이 덜하면서 깊은 맛이 있답니다.

혼다시

가츠오, 다시마 등을 압축시켜 분말 상태로 만든 조미료로 물에 이것만 넣고 끓여주면 기본 육수가 간단히 완성됩니다. 많이 넣으면 맛이 텁텁해지니 주의하세요.

면쯔유

면쯔유는 간장에 육수와 미림이 들어가 있어 조림 요리나 덮밥, 국물 요리에 면쯔유와 물을 섞어서 사용하면 간단히 깊은 맛이 있는 요리가 돼요. 만드는 법은 17쪽 참조.

요리술

요리술, 조리술, 청주는 다 같은 말로 비린 맛을 없앨 때 사용합니다. 만약 1~2큰술 정도 사용한다면 요리술 대신 물을 넣어도 되지만 그 이상을 사용할 경우엔 반드시 물이 아닌 요리술을 넣어주세요.

미림

요리술과 단맛이 하나로 되어 있는 미림이에요. 진짜 미림은 살짝 비싸기 때문에 미림풍 조미료를 쓰는데 맛 차이가 별로 없어 전 싼 걸 씁니다요.

스시노코

초밥의 배합초가 가루 형태로 되어 있는 제품이에요. 사놓으면 초밥 만들 때 진짜 편해요. 배합초 만드는 법은 209쪽 참조해주세요.

닭육수가루

이건 중국 조미료인데 닭고기 육수를 내기 위해 만날 닭고기를 사다 나를 수 없을 때 이 조미료를 사용하면 금방 만들 수 있어 편리해요.

콩소메

서양 조미료인데 수프나 크림소스 등을 만들 때 넣어주면 짭조름한 맛과 함께 육수의 풍미를 더해줍니다. 큐브 1개당 1작은술 정도 되니까 분량 참조해주세요.

가츠오부시

가다랑어를 오랜 시간 말리거나 훈제해서 얇게 썰어 포 상태로 만든 거예요. 물에 넣고 끓여 육수를 내기도 하고 음식 위에 바로 뿌려주기도 합니다. 특히 오코노미야키에는 필수죠.

아오노리

파래를 건조시켜서 가루 형태로 만든 거예요. 볶음 요리 위에 뿌려 먹음 파래의 고소함이 더해져서 음식의 풍미를 더해줍니다. 한국에선 '파래가루'로 찾으면 구입하실 수 있어요.

카레루

일본 카레는 가루가 아닌 고체 루(roux) 형태가 일반적이에요. 기본 카레 가루 외에 육수와 볶은 양파 등이 포함되어 있어 깊은 맛이 있기 때문에 한번 먹으면 완전 푹 빠지게 됩니다. 루 1조각당 1인분 정도 잡으시면 돼요.

베니쇼가

붉게 물들인 생강절임을 말합니다.

텐카츠

기름에 튀김반죽만 뿌려 동글동글하게 튀겨놓은 것을 말합니다. 오코노미야키나 우동에 뿌려 먹음 튀김의 고소함이 더해져 한결 맛있어요. 만드는 법은 19쪽 참조.

오코노미야키 가루

튀김가루, 부침가루처럼 밀가루에 조미료가 들어가 기본 간이 되어 있습니다. 만일 가루를 구하지 못했다면 밀가루에 소금 약간과 혼다시 1/2작은술을 섞어주면 비슷한 맛을 낼 수 있어요.

 warming up ❹

베이스 만들기

일본 요리 만들 때 많이 쓰이는 육수 및 소스류 만드는 법 알려 드립니다.
이 베이스 소스만 갖추고 있으면 어떤 요리도 금방 만들어낼 수 있어요!

다시마 육수

가장 기본인 다시마 육수는 만드는 방법도 정말 간단해요. 다시마를 고르실 땐 꼭 육수용으로 고르셔야 끈적임이 덜합니다. 유도후, 샤브샤브 등에 많이 사용해요.

다시마가츠오 육수

일본 요리에 정말 두루두루 사용되는 필수 육수입니다. 특히 나베 요리에는 백 프로 사용돼요. 다시마에 가츠오 향이 더해져 좀 더 깊은 맛이 납니다.

1 찬물 1000cc를 냄비에 담고 다시마 15cm를 20~30분 정도 담가둡니다.

2 그대로 중간 불에서 끓이다가 끓어오르기 시작하면 불을 끄고 다시마를 건져내주세요.

> 찬물 1000cc에 다시마 15cm를 담가서 냉장고에 하루 종일 보관해도 다시마 육수를 만들 수 있어요~

1 찬물 1000cc에 다시마 10cm를 넣고 10분 정도 끓이다 다시마는 건져내주세요. 오래 끓이면 끈적임이 나와서 안 좋아요.

2 가츠오부시 20g을 넣고 20초 정도 끓인 다음 불을 꺼주세요. 너무 오래 끓이면 향이 날아가고 국물이 떫어집니다.

3 가츠오부시가 가라앉으면 체에 밭쳐 건더기를 걸러낸 다음 국물만 사용해주세요.

> 귀찮을 땐 물 600cc에 혼다시 작은술을 넣고 잘 섞으면 비슷한 맛을 낼 수 있어요~

면쯔유

면쯔유는 간장에 미림, 육수 등을 넣고 끓인 맛간장으로 물에 타서 쓰기만 하면 요리가 완성되기 때문에 정말 자주 사용하는 재료에요. 특히 덮밥, 면 등의 요리에 많이 사용됩니다. 그래도 책에서는 주로 간장을 이용하고 있어요. 하지만 정말 유용하게 사용하는 식재료라서 만드는 법 한번 소개해드립니다.

만능간장 소스

살짝 달짝지근한 간장 소스인데 걸쭉해서 재료에 쉽게 밀착하기 때문에 좋답니다. 한 번에 왕창 만들어 냉장 보관 해놓고 사용하면 편리해요. 닭꼬치나 튀김덮밥 만들 때 자주 씁니다.

1

간장 200cc, 미림 200cc, 다시마 8cm, 가츠오부시 20g을 냄비에 넣고 냉장고에 하룻밤 넣어둡니다.

2

그 냄비 그대로 끓여 보글보글 끓어오르면 약한 불로 3분간 더 끓인 뒤 체에 건더기는 걸러내고 국물만 사용해주세요.

1

간장 5큰술, 설탕 6큰술, 요리술 1큰술, 밀가루 4작은술을 냄비에 넣고 불을 켜기 전 먼저 잘 섞어주세요. 밀가루 넣자마자 바로 끓이면 밀가루가 떡지니까 주의하세요.

2

재료를 잘 섞어준 후 불을 켜고 끓이다 투명해지면서 걸쭉함이 생기면 불을 꺼주세요.

이때 회종 커피 필터를 사용하면 깨끗하게 걸러낼 수 있고 위생적이라 편리해요.

화이트소스

화이트소스만 있으면 우유를 넣어 농도만 맞추면 크림 요리는 끝이에요. 밀가루, 버터, 우유만 있음 간단히 만들 수 있어서 한번 요령이 생긴 다음부터는 밖에서 크림 요리를 안 사 먹게 됐어요. 크림고로케, 스파게티 등에 사용합니다.

1. 프라이팬에 약한 불로 버터 30g을 녹인 뒤 밀가루 3큰술을 세 차례에 나눠서 넣으며 뭉침이 없도록 잘 볶아주다가,

2. 우유 400cc를 세 차례에 나눠 넣으면서 걸쭉해지도록 약한 불에서 끓여주세요. 걸쭉한 느낌이 나면 소금을 넣고 마무리해주면 끝. 밀가루의 뭉침이 좀 심하다 싶으면 체에 한 번 걸러주면 아주 부드러운 화이트소스를 만들 수 있어요. 소스 자체는 간을 세게 하지 마시고 이후에 요리를 하면서 싱거우면 소금을 더해주는 것이 좋습니다.

고추기름

일본에서는 고추기름을 자주 쓰기 때문에 가정집에서는 보통 직접 만들어 사용해요. 한국 태양초 고춧가루를 넣어 만들면 칼칼하면서 끝 맛이 깔끔해서 한국 가면 꼭 왕창 사 온답니다. 만두 양념장, 야채볶음 등에 많이 써요.

1. 냄비에 식용유 6큰술, 고춧가루 1큰술을 넣고 약한 불에서 5분간 끓여줍니다. 센 불에 볶으면 고춧가루가 타서 쓴맛이 나서 좋지 않아요.

2. 건더기는 1회용 커피 필터에 걸러내주세요.

텐카츠

우동이나 소바, 몬자야키, 오코노미야키 등에 넣으면 고소한 맛을 살려주는 텐카츠입니다. 살 수도 있지만 워낙 만들기도 쉽고 아무래도 더 깨끗하고 해서 저희 집에서는 주로 만들어 먹는답니다. 냉동 보관하면 오래 두고 써도 문제없어요.

찬물 4큰술, 튀김가루 4큰술을 넣고 충분히 섞어준 다음 160℃ 식용유에 젓가락 4개를 이용해 반죽을 떠서 방울방울 떨어뜨려줍니다.

튀김이 떠오르면 바로 건져서 키친타월 위에 얹어 기름기를 빼주세요.

생소한 도구

오토시부타는 일반 뚜껑과는 달리 음식에 바로 밀착시켜 올리는 뚜껑이에요. 국물이 적은 요리를 끓일 때 얹어주면 재료에 전체적으로 국물이 닿아 금방 양념이 배게 도와주면서도 용기 자체는 오픈된 상태를 유지해줘서 수분이 쉽게 날아가기 때문에 조림 요리 만들 때 특히 유용해요. 한국에서는 구하기 어려우니까 일회용으로 만들어 쓰는 법 알려드릴게요.

●오토시부타 일회용으로 만들어 쓰는 법

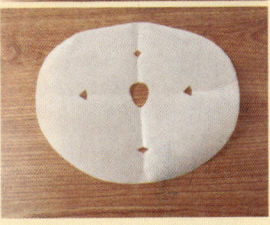

알루미늄포일이나 페이퍼포일을 이용해 냄비나 프라이팬의 지름보다 조금 더 작게 원 모양을 만든 다음 반으로 접어 가운데 구멍을 뚫고 몇 군데 작은 구멍을 만들면 완성!

밥vs반찬 ①
밥과 함께라면 딱!

일본식 달걀찜 | 달걀말이 | 단달걀말이 | 간장반숙달걀 | 감자샐러드 | 감자그라탱 | 시금치깨무침 | 우엉조림 | 온천달걀 | 온천달걀샐러드 | 숙주볶음 | 김치오징어회낫토 | 유부낫토 | 비지볶음 | 가지가츠오절임 | 가지미소볶음 | 돼지고기미소볶음 | 두부스테이크 | 오징어수미소 | 버섯조림 | 톳조림 | 후로후키다이콘 | 단호박조림 | 배추조림 | 차슈 | 니쿠미소 | 타베루라유 | 츠케모노 | 부추무침 | 아사즈케 | 카라시즈케 | 콘부노츠쿠다니

茶碗蒸し 차완무시

푸딩처럼 부드러운
일본식 달걀찜

일본식 달걀찜은 정말 푸딩같이 부드러워서 잇몸으로도 씹어 먹을 수 있어요.
그렇다고 부들부들함만 있느냐? No No~
가츠오 육수의 깊은 맛과 속에 들어 있는 재료들의 씹는 맛도 함께 즐길 수 있죠.
일본식 달걀찜은 이 레시피대로만 만들면 정말 실패가 없어요.
대충대충인 저도 오직 달걀찜만은 감으로 만들지 않고 꼭 레시피를 따라 만든답니다.
성공 백 프로 보장하지만… 혹시라도 실패하면 저에게 전화주세요! 폰팅합시다!

Ready >> 2인분

주재료 달걀 2개, 생새우 2마리, 닭고기 약간, 오뎅 약간, 표고버섯 약간

육수 재료 다시마가쯔오 육수 300cc, 미림 1작은술, 설탕 1/2작은술, 소금 1/4작은술, 간장 1작은술

Recipe

1 새우는 꼬리만 남기고 껍질 벗긴 후 내장을 빼내주세요. 닭고기는 한입 크기로 자르고 (딱 2덩이만 있음 돼요) 오뎅과 표고버섯은 얇게 썰어주세요.

2 육수 재료를 섞은 후 차게 식혀주세요. 뜨거운 상태로 쓰면 찌기도 전에 달걀이 익어버리니까요.

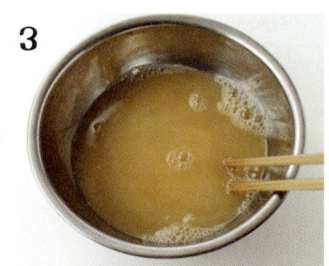

3 달걀 2개를 큰 거품이 나지 않게 살살 풀어요. 여기에 2의 육수를 4큰술만 남기고 모두 넣어 살살 풀어준 후 거름망에 걸러 고운 달걀물을 만들어주세요. 큰 거품이 있으면 찔 때 구멍이 나기 쉬워요.

찜기를 이용하실 때도 마찬가지 방법으로 하면 돼요.

4 도자기 그릇에 한입 크기로 자른 닭고기를 넣고 3의 달걀물을 도자기 그릇의 3/4만 채워주세요. 이때 달걀물 2국자는 꼭 남겨두세요.

5 두꺼운 프라이팬에 물을 3cm 정도 높이로 넣고 달걀물을 넣은 도자기를 담은 다음 프라이팬 뚜껑을 덮어주세요. 센 불로 끓이다 물이 끓어오르면 약한 불로 바꿔 10분 더 끓인 다음 불을 끄고 10분쯤 그대로 두고 뜸을 들여주세요.

6 달걀 그릇을 꺼내 그 위에 새우, 표고버섯, 오뎅을 얹고 남긴 달걀물을 1국자씩 넣은 다음 뚜껑을 덮어주세요. 다시 센 불로 끓이다 물이 끓어오르면 약한 불로 바꿔 5분간 더 끓인 다음 불을 끄고 5분 정도 뜸을 들여주세요. (이건 모양을 내기 위한 방법이기 때문에 귀찮을 땐 닭고기 넣을 때 다른 재료들도 같이 넣고 약불에 15분 → 불 끄고 10분 뜸들이기 하시면 돼요.)

7 달걀찜을 내기 전에 3에서 남긴 육수를 각각 2큰술씩 끼얹어주세요. 달걀찜이 좀 더 촉촉해진답니다.

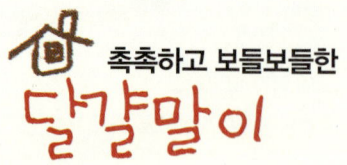
촉촉하고 보들보들한
달걀말이

도시락 반찬의 최고봉인 달걀말이입니다.
요 달걀말이는 가츠오부시 육수가 듬뿍 들어가 있어서
가츠오 향이 올라오면서 식감도 촉촉하고 보들보들해 밥하고 무척 잘 어울려요.
만드는 방법도 처음에만 살짝 어렵지 손에 익으면 왕 간단해서
아침밥 반찬 더하기 도시락 반찬까지 한방에 뚝딱 만들 수 있어요.
신랑 도시락 일주일에 다섯 번 싸줄 때 네 번은 달걀말이가 들어갈 정도로 애용 중.
식어도 촉촉함 덕분에 맛있어서 좋대요.

だし巻き卵

다시마키타마고

Ready >> 2인분

주재료 달걀 2개
양념 재료 다시마가츠오 육수 4큰술, 면쯔유 1/2큰술, 소금 약간

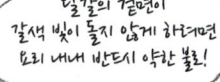
달걀의 겉면이 갈색 빛이 돌지 않게 하려면 요리 내내 반드시 약한 불로!

1 달걀과 다시마가츠오 육수, 면쯔유, 소금을 분량대로 넣고 쉐끼쉐끼 섞은 다음,

2 프라이팬에 식용유를 1/2큰술 넣고 키친타월로 전체적으로 잘 펴 바른 다음 프라이팬을 달궈주세요.

3 약한 불에서 1의 달걀물을 1국자 넣고 기포가 올라오기 시작하면 젓가락으로 부드럽게 휘저어주세요.

4 익은 달걀을 평평하게 한쪽으로 몰아준 후 다시 달걀물을 부어 젓가락으로 휘저은 후 뒤집개를 이용해 달걀을 말아주세요. 1국자씩 넣으며 이 과정을 반복해주세요.

5 마지막 달걀물 1국자를 부은 뒤에는 젓가락으로 휘젓지 말고 그대로 익히면서 뒤집개로 달걀 표면을 다시 한 번 말아주세요.

6 불을 끈 뒤 달걀을 한쪽에 몰아서 뒤집개로 가볍게 꾹꾹 눌러(너무 꾹꾹 누르면 육수가 나와요) 각을 잡은 후 한입 크기로 썰어주세요.

달콤하고 부드러운
단달걀말이

달달하고 부드러운 달걀말이예요.
한국 사람에겐 달콤한 달걀은 왠지 거부감이 들기도 하죠? 하지만 생각해보면 푸딩도 달걀과 설탕으로 만들고 초밥집에 가면 나오는 달걀초밥도 바로 이 달콤한 달걀말이로 만드는 거니까
전~혀 거부감 갖지 않으셔도 돼요. 일단 먹어보면 맛나요. 만들어서 반찬으로 먹어도 되고, 손말이 초밥에 넣어도 좋고, 가장 좋은 건 도시락 반찬에 넣어주는 것. 식으면서 간이 강해져서 더 맛있더라고요. 도시락을 먹을 수 없는 주부인 저는 억지로 냉장고에 식혀서 밥반찬으로 먹고 있습니다.
ㅋㅋ

甘い卵焼き
아마이타마고야키

Ready » 2인분

주재료 달걀 2개, 물 1큰술, 설탕 2큰술, 소금 약간
녹말물 재료 녹말가루 1작은술, 물 1큰술

Recipe

1

달걀, 물, 설탕, 소금을 분량대로 넣고 잘 섞은 다음,

2

녹말물 재료를 따로 섞어서 1의 달걀물에 섞어주세요. 녹말가루를 가루인 채로 넣으면 뭉쳐서 잘 안 풀어지기 때문에 꼭 먼저 물에 풀어주셔야 해요.

3

프라이팬에 식용유를 얇게 바르고 중간 불에 달군 뒤 달걀물을 넣고 기포가 올라오면 젓가락을 휘휘 저어 몽글몽글 뭉치게 해주세요.

4

> 설탕이 들어가 있어 달걀 겉면이 타기 쉬우니까 꼭 약한 불에 익혀주세요.

한쪽으로 달걀을 몰아 다시 달걀물을 넣고 잘 말아주시면 끝! (25쪽 '달걀말이' 레시피 참조)

라면에 넣으면 제맛! 간장반숙달걀

장조림과는 달리 요 반숙달걀은 간이 심심하게 되어 있어서 밥반찬으로는 뭔가 좀 모자란 감이 있지만 일본 라멘에 넣어주면 요게요게 환상의 맛을 자랑합니다. 완숙으로 만드셔도 되는데 노른자가 뻑뻑해 목이 메어서 전 꼭 반숙으로 해요. 보통 간장 양념을 넉넉히 만들어서 달걀을 담그는 방법을 쓰는데 간장 왕창 쓰기 아깝잖아요. 소량의 간장만으로 달걀에 맛이 배게 하는 레시피 알려드립니다.

아지츠케타마고
味付け卵

Ready ≫ 2인분

주재료 달걀 4개
양념 재료 간장 1+1/2큰술, 물 1+1/2큰술, 면쯔유 1/2큰술, 미림 1/2큰술

Recipe

실은에 달걀을 시간 이상 뒀다가 삶으면 중간에 껍질 깨짐이 덜해요.

1 냄비에 달걀과 물(달걀이 잠길 정도)을 넣고 끓어오르면 약한 불로 4분간 더 끓여주세요.

2 반숙으로 삶은 달걀은 바로 찬물에 담갔다가(그래야 껍질이 잘 벗겨져요) 껍질을 벗겨주세요. 노른자가 덜 익은 상태라 굉장히 말캉말캉하므로 전체적으로 자잘한 금을 내어 살살 벗겨주세요.

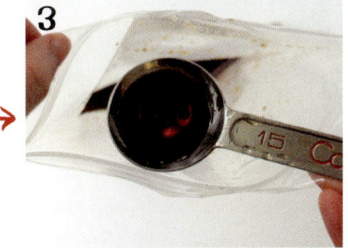

3 위생비닐에 준비한 양념 재료를 모두 넣어주세요.

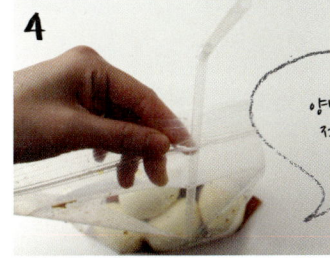

진공 상태가 되면 양념의 삼투압이 더 잘 돼서 적은 양의 양념으로도 빠른 시간에 간이 뱁니다.

4 그 안에 삶은 달걀을 넣은 후 빨대로 위생비닐 안에 있는 공기를 빼내고 밀봉해 뒀다가 3시간 정도 후에 드시면 됩니다.

ポテトサラダ

포테토사라다

감자의 부드러움과 채소의 아삭함
감자샐러드

저희 신랑은 감자를 너무 사랑해요.
그래서 만날 한국말 할 때 "나는 감자친구입니다"라고 한답니다.
이거슨 남자친구를 헷갈려서 감자친구라며-_-;; 실수하는 거지만 아무튼 감자 완전 사랑해요.
그래서 감자샐러드에 감자고로케에 소고기감자조림까지 반찬으로 해주면 그렇게 좋아할 수가 없어요.
짭조름한 마요네즈와 포슬포슬한 으깬 감자, 그리고 양파와 오이의 산뜻함이 참 잘 어울려요.
이번에는 모양 내보겠다고 당근까지 넣었지만 평소엔 잘 넣지 않아요.
하지만 양파랑 오이는 꼭!꼭! 넣어주세요. 주인공을 살리는 엄청 중요한 조연이거든요.

Ready » 2인분

주재료 감자(大) 1개, 오이(大) 1/2개, 양파(大) 1/8개, 당근 적당량
양념 재료 마요네즈 2~3큰술, 소금·후추 약간씩

Recipe

1

양파는 슬라이서로 아주 얇게 채 썰어 찬 물에 5분 정도 담근 후 물기를 꽉 짜주세요. 매운 기를 빼기 위해 하는 건데 햇양 파라면 매운맛이 세지 않으니까 생략하셔도 돼요.

2

오이는 좀 도톰하게 썰어서 소금을 약간 뿌려뒀다가 물기가 생기면 헹구지 말고 그냥 꽉 짜주세요.

3

감자는 껍질을 깎고 듬성듬성 썰어서 내열용기에 담은 다음 전자레인지에 넣어 감자 찌기 기능으로 쪄주세요.

4

감자의 포슬포슬한 맛을 좋아하시면 덜 으깨주셔도 돼요

찐 감자는 곱게 으깨주세요.

5

물기를 뺀 양파와 오이, 마요네즈를 넣고 잘 섞어주세요.

6

마지막에 소금, 후추로 간을 해주세요.

Tip 전자레인지에 감자 찌기 기능이 없다면?
감자를 3cm 크기로 깍둑썰기 후 내열용기에 담고 물을 1큰술 넣고 랩을 씌워 7분 간 돌려주세요.

왕간단하게 만들어도 그럴싸한
감자그라탱

화이트소스 만들 필요 없이 왕간단하게 만드는 감자그라탱이에요.
우유와 생크림에 감자만 넣고 끓였을 뿐인데
감자의 전분 때문에 걸쭉함이 생겨 크림소스로 자동 변신!
베이컨이나 다른 채소를 넣어도 되지만 전 언제나 간단제일주의인 만큼
온리 감자만 넣고 그 위에 피자치즈만 솔솔 뿌려서 구워도 하악~ 정말 맛있어요!
감자랑 치즈가 잘 어울려서 간단한 레시피임에도 엄청 신경 쓴 듯한 맛이 나준다는.
이런 요리 진짜 사랑해요~

じゃがいもグラタン
자가이모그라탕

Ready >> 2인분

주재료 감자 2개, 우유 100cc, 생크림 50cc, 피자치즈 1주먹, 버터 1/2큰술
다진 마늘 1/4작은술, 소금 · 후추 약간씩

Recipe

감자의 전분기가 필요하므로 물에 담그지 마세요~

1 감자는 껍질을 벗기고 2cm 크기로 깍둑 썰기 한 다음,

2 버터를 녹인 프라이팬에 썰어둔 감자를 넣고 약한 불에 3분 정도 볶아주세요. 감자가 부스러지지 않게 살살~

3 여기에 우유와 생크림을 넣고,

4 팔팔 끓어오르면 중간 불로 바꾸고 다진 마늘을 넣고 걸쭉해질 때까지 끓여주세요. 이때 바닥에 감자가 눌어붙지 않도록 몇 번 뒤적뒤적 해주세요. 마늘을 넣으면 느끼한 맛이 사라져서 좋답니다.

5 걸쭉함이 생기면 불을 끄고 소금, 후추로 간을 해주세요. 식으면 더 걸쭉해지기 때문에 살짝 덜 걸쭉해 보일 때 불을 꺼주는 게 좋아요.

6 내열용기에 옮겨 담고 피자치즈를 뿌려 오븐토스터에 치즈 표면이 노릇해질 정도로만 구워주시면 완성!

ほうれん草のごま和え

호렌소우노고마아에

고소함으로 버무린
시금치깨무침

시금치는 뽀빠이와 제가 함께 사랑하는 채소예요.
보들보들하면서 씹는 맛도 있고, 향이 강하지 않아 양념의 맛이 잘 배어서
밥반찬으로 좋걸랑요. (생각해보니 뽀빠이 편식 짱. 담배랑 시금치만 먹네. 헐~)
한국에서는 주로 시금치를 소금 간을 해 나물을 만들어 먹잖아요.
근데 일본에서는 살짝 달콤한 간장 양념을 해서 먹더라고요.
그러나 한국과 일본의 공통점은 깨의 고소함으로 마무리한다는 것!
시금치 외에 쑥갓이나 껍질콩을 살짝 데쳐서 같은 레시피로 만들어도 맛나요.

Ready ≫ 2인분

주재료 시금치 1/2단
양념 재료 간 깨 1큰술, 간장 1작은술, 설탕 1작은술

Recipe

1 시금치를 찬물에 깨끗이 씻은 다음 뿌리 부분을 칼로 댕강 잘라주세요.

2 내열접시에 시금치를 담고 물을 1큰술 넣고 랩을 씌운 뒤 전자레인지에서 2분 30초 돌려주세요.

3 데친 시금치를 찬물에 헹군 뒤 물기를 짜낸 다음 한입 크기로 썰어주세요.

4 양념 재료를 미리 섞어주세요. 특히 설탕을 잘 녹여주셔야 해요.

5 시금치를 양념과 잘 버무려주면 끝! 와우 간단!

Tip 시금치 데치기

전자레인지로 시금치를 데치면 물에 끓이는 것보다 영양소 파괴가 덜 된대요. 시금치 줄기 부분이 얇으면 2분 정도만 돌려도 충분하답니다. 물로 데칠 경우 소금 1작은술을 넣은 팔팔 끓는 물에 시금치를 줄기부터 넣어 데쳐주세요.

짭조름한 간장이 밴 아삭한
우엉조림

전 우엉 정말정말 좋아요! 이름도 물개 우는 소리 같고~ 우엉우엉!!
우엉의 아삭아삭한 맛과 짭조름한 간장 양념이 밥반찬으로 딱이죠.
밑반찬은 왕창 만들어놔야 마음이 여유로워지는 주부인지라
여기서 소개하는 레시피는 딱 한 번 먹을 양이지만 실제로 제가 할 때는 거의 5배는 만들어놔요.
특히 우엉조림은 만들어서 바로 먹는 것보다 차갑게 식어 간이 쪽 배어야 더 맛있어서
보관용 반찬으로 딱이라는 거!
만들어놓았다가 김밥 쌀 때 활용하셔도 좋아요.

킨삐라고보
きんぴらごぼう

Ready ≫ 2인분

주재료 우엉 1/2개, 당근 약간, 마른 고추 1/2개, 식초 1작은술
양념 재료 물 1큰술, 요리술 2큰술, 설탕 1/2큰술, 간장 1큰술, 미림 1/2큰술

Recipe

1 우엉은 물로 헹군 다음 칼로 껍질을 박박 긁어내주세요.

2 껍질을 벗긴 우엉은 4cm 정도 길이로 잘라 얇게 채 썰어주세요. 아삭아삭 씹는 맛을 더 즐기시려면 두껍게 썰어도 돼요.

3 변색을 막기 위해 식초 1작은술을 넣은 찬물에 우엉을 5분간 담가주세요. 그런 다음 물에 가볍게 헹궈 물기를 털어내주세요.

4 당근도 4cm 길이로 우엉과 비슷한 두께로 채 썰어주세요.

5 프라이팬에 식용유 1/2큰술을 두르고 달군 후 우엉을 중간 불에서 살짝 볶아주세요. 너무 볶으면 우엉이 뜨겁다고 우엉우엉 울어요.

6 당근과 마른 고추(없으면 생략해도 돼요)를 넣고 전체적으로 기름이 잘 묻어나게 볶아주세요.

7 분량대로 섞은 양념 재료를 6에 뿌리고 국물이 거의 없어질 때까지 끓여주면 완성입니다.

부드러운 흰자와 노른자의 하모니
온천달걀

温泉卵 온센타마고

온천달걀은 흰자가 노른자보다 부드러운 달걀입니다.
반숙이나 수란하고는 좀 달라요.
노른자는 70℃에서 응고되고 흰자는 80℃에서
응고가 되는 성질을 이용해 미지근한 온도에서 삶아서
만드는 과학적인(?) 달걀이랄까요.
원래는 온도가 계속 일정한 온천물을 이용해
만드는 건데, 집에서는 계속 온도계로 재면서
65℃를 유지하기 어려운 관계로 사 먹는 분들이
많지만(일본에선 온천달걀을 슈퍼에서 살 수 있거든요)
전 진짜 왕간단한 방법으로 집에서
만들어 먹고 있어요.
그냥 15분만 멍때려주시면 돼욧!

Ready >> 2인분

주재료 달걀 2개
소스 재료 다시마가츠오 육수 40cc, 미림 1/4작은술, 간장 1/8 작은술, 소금 아주 약간

Recipe

1
달걀이 잠길 만큼 물을 냄비에 담은 후 물만 팔팔 끓여주세요. 달걀은 미리 꺼내 실온에 놓아주세요. 달걀이 차가운 상태일 때 바로 넣으면 중간에 껍질이 깨지기 쉽거든요.

키친타월이 미지근한 온도를 유지해줘서 온천달걀이 만들어지는 거랍니다!

2
실온에 놔두었던 달걀 2개를 키친타월 2장을 겹쳐 잘 싸주세요. 전 좀 큰 달걀을 썼는데 달걀 사이즈가 작으면 키친타월 3장을 겹쳐 싸주세요.

3
물이 끓어 오르면 불을 끄고 키친타월로 감싼 달걀을 넣고 뚜껑을 덮어주세요. 15분 동안 가만 내버려뒀다가 꺼내 바로 찬물에 식힌 다음 껍질을 까서 그릇에 담아주세요.

4
소스 재료를 잘 섞어 달걀 위에 부어 내주세요.

온센타마고사라다

채소도 함께 먹자!
온천달걀샐러드

저도 육식주의자, 신랑도 육식주의자.
그래도 전 건강을 위해 식탁에 채소를 꼭꼭 챙겨
올리려고 노력하는 반면 신랑이 식사 준비하면
상 위에 채소가 아예 없어요. -_-;
특히 채소샐러드 만들어주면 채소의 아삭아삭거리는
소리가 뇌를 이상하게 만드는 거 같다는
요상한 소릴 해요. 그래도 먹여야지 싶어서 평소에
먹는 샐러드에 온천달걀을 톡 터뜨려 넣어 줬더니
부드럽고 고소하다고 너무 잘 먹는 거예요.
단순하기는…. 아잉~ 귀여워~
(제가 '제 눈의 안경'이라는 안경을 써서… 풋)

Ready >> 2인분

주재료 둘이서 먹을 만큼의 채소, 온천달걀 1개, 샐러드드레싱 적당량

Recipe

1 양상추나 상추, 냉장고에 있는 채소 아무거나 꺼내서 칼 말고 손으로 한입 크기로 뜯은 다음 찬물에 잘 헹궈 물기를 탈탈 털어주세요.

2 나머지 곁들이 채소들은 한입 크기로 잘 다듬어주세요.

3 준비한 채소를 접시에 예쁘게 담고 그 위에 온천달걀을 톡 터뜨려 넣은 다음 원하는 드레싱을 뿌려 먹기만 하면 돼요.

もやし炒め 모야시이타메

5분 안에 만드는 아삭한
숙주볶음

이건 시아버지께서 평소 만들어주시는 반찬이에요.
숙주는 데쳐서 나물로 먹는 것만 알았는데
이렇게 만들면 데치는 수고도 필요 없고 숙주의 비린 맛도 없으면서
달걀과 잘 어우러져서 밥반찬으로도 술안주로도 참 좋더라고요.
(사실 저한테는 밥반찬 = 술안주이니께요)
진짜 후딱 만들 수 있어서 아침에 바쁠 때 슉슉 볶아서
밥하고 미소된장국하고 같이 내면 다른 반찬 만들 필요가 없답니다.

Ready ≫ 2인분

주재료 숙주 1봉지, 달걀 2개, 소금·후추 약간씩, 실파 약간, 식용유 적당량

Recipe

1. 숙주는 찬물에 헹구듯 씻어 체에 담아 물기를 빼주세요. 숙주 머리랑 꼬리 부분을 다듬기도 하는데 전 귀찮으니까 패스!

2. 달걀은 소금, 후추를 약간 넣고 미리 풀어놔주세요.

3. 달군 냄비에 식용유를 1큰술 두르고 풀어 놓은 달걀을 넣어 젓가락으로 뒤적뒤적 하다가 몽글몽글 뭉치면서 반숙 상태가 되면 다른 그릇에 옮겨주세요.

기름기가 어느 정도 있어야 맛있기 때문에 식용유를 넉넉히 넣었어요~

4. 같은 냄비에 다시 식용유 1큰술을 넣고 1의 숙주를 넣고 볶다가 소금, 후추를 넉넉히 뿌려 짭조름하게 간을 한 다음,

5. 숙주가 대충 숨이 죽었다 싶으면 아까 만들어둔 달걀을 넣고 잘 섞어줍니다. 마지막으로 실파를 송송 뿌려 접시에 내주시면 돼요.

낫토를 더욱 맛있게
김치&오징어회낫토

낫토는 향은 청국장인데다 특유의 끈적임까지 있어
한국에선 인기가 없더라고요.
하지만 건강 식품이라 먹으면 좋으니까!
간단하게 맛있게 먹는 방법을 소개해보려고 합니다.
오징어회낫토는 초밥집에 가면 군함초밥 위에
얹어주는 걸로 처음 맛봤는데
먹어보고 맛있어서 반한 뒤부터
생오징어를 사오면 항상 만들어 먹고 있어요.
김치낫토는 TV에서 어떤 사람이 김치 섞으면
맛있다기에 설마—_—;; 이럼서 따라해본 건데,
김치와 낫토의 맛이 진짜 은근히 잘 어울렸어요.

キムチ&いか刺身の納豆

키무치&이카사시미노낫토

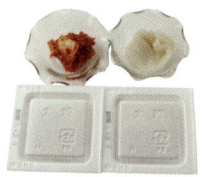

Ready » 2인분

주재료 낫토 2팩, 김치 적당량, 오징어회 적당량, 파 약간, 간장 1/2 작은술, 설탕 약간

Recipe

1
김치와 오징어회는 낫토에 들어 있는 콩의 크기 정도로 잘게 잘라주세요. 이때 김치는 잘 익은 걸로 사용해주세요.

2
오징어회낫토를 먼저 만들게요. 낫토는 1팩만 꺼내서 그 안에 들어 있는 연겨자와 소스를 뿌려주시고,

3
오징어회를 넣고 간장 1/2작은술을 넣은 다음 끈적임이 많아지게 쉐끼쉐끼 잘 섞은 후 잘게 썬 파를 넣어주시면 완성!

4

김치의 짠맛이 강하기 때문에 굳이 간장이나 소스를 첨가하지 않으셔도 돼요.

낫토 1팩을 꺼내(소스와 연겨자는 넣지 않아요) 잘게 썬 김치와 설탕을 약간만 넣어 잘 섞으면 김치낫토까지 완성~

낫토를 깔끔하게 즐겨요~
유부낫토

청국장은 좋아해도 청국장과 비슷한 일본의 낫토는 못 먹는 사람 많더라고요. 저도 청국장은 정말 사랑하는데 일본 와서 처음에는 낫토 잘 못 먹었어요. 이건 특히 거슬리는 그 끈적임을 차단시켜 버릴 수 있는 방법이 없을까 하다 찾은 음식이에요! 유부 속에 낫토를 넣어 먹으면 끈적이는 실 없이 깔끔하게 먹을 수 있는 데다 유부를 한 번 굽기 때문에 바삭바삭해서 더 맛있어져요.

Ready ≫ 2인분

주재료 유부 2장, 낫토 2팩, 파 약간, 간장 1/2큰술

Recipe

1 유부는 한쪽 부분을 조금 자르고 나무젓가락으로 굴려주세요. 이렇게 하면 유부를 펼치기가 쉬워져요.

2 유부가 찢어지지 않게 살살 펼쳐주세요.

3 낫토와 간장, 잘게 썬 파를 잘 섞은 다음,

4 유부 안에 3의 낫토를 채워주세요.

5 뜨겁게 달군 프라이팬에 유부 양면을 노르스름하게 구워주면 끝! 간이 심심하면 간장을 살짝 더 뿌려주세요.

> 유부는 한 번 튀긴 거니까 구울 때 따로 식용유를 넣지 않아도 돼요.

콩비지를 색다르게
비지볶음

두부 만들고 남은 비지로 만든 비지찌개는 고소함과 구수함이 끝내주죠.
일본에도 비지를 이용한 요리가 있는데 바로 비지를 볶은 요리랍니다.
뭔가 좀 상상이 안 가죠? 근데 정말 맛있어요. 콩비지의 느끼함이 없고 고소하면서
채소도 많이 들어 있어 씹는 맛도 있고, 볶음이긴 하지만 빽빽하지도 않아요.
밥반찬으로도 좋지만 전 이걸 간식처럼 젓가락으로 푹푹 퍼먹으면 그렇게 맛있더라구요.
시어머니께 배운 특별 레시피 공개합니다~

우노하나니
卯の花煮

Ready >> 2인분

주재료 물기 뺀 비지 150g, 실곤약 1/2주먹, 당근(小) 1/2개, 돼지고기 50g, 파 1개

양념 재료 다시마가츠오 육수 200cc, 면쯔유 1큰술, 간장 1작은술, 미림 1큰술, 요리술 1큰술, 설탕 2/3큰술, 소금 1/3작은술

Recipe

1. 당근과 실곤약은 3cm 길이로 채 썰고 파와 돼지고기도 잘게 썰어주세요.

2. 프라이팬에 식용유 1작은술을 두르고 돼지고기와 당근을 넣고 소금을 약간 뿌려가며 중간 불에서 볶아주세요. 밑간만 살짝 하는 정도니까 소금 많이 넣을 필요 없어요.

3. 돼지고기 색이 회색으로 바뀌면 양념 재료, 물기 뺀 비지, 실곤약을 넣어주세요.

4. 국물이 거의 없어질 때까지 중간 불에서 볶아~볶아~

5. 마지막에 파를 넣고 잘 섞은 후 불을 끄고 프라이팬에 담긴 채로 잘 식히면 완성이에요.

ナスの煮びたし

나스노니비타시

가지의 대변신!
가지가츠오절임

여러분은 가지를 좋아하시나요? 전 예전에 엄청 싫어했었어요.
그 보라색 껍질도 이상하고, 물컹물컹한 식감도 싫고, 아무 맛도 없는 그 덤덤함도 싫었는데
이 단점이 요새는 장점이 되어 정말 좋아하는 채소 중에 하나가 되어버렸답니다.
역시나 나이 먹어서 입맛이 바뀐 걸까요.
가츠오 국물에 튀긴 가지를 넣으면 가지가 양념 국물을 쏙 머금어서
한입 베어 물면 가츠오 국물이 확 퍼지면서 정말 맛있어요.
가지를 싫어한다면 이거 한번 꼭 만들어 드셔보세요. 진짜 완전 강추!
자네, 한번 만들어보고 가지?

Ready >> 2인분

주재료 가지 2개, 가츠오부시 1주먹
국물 재료 간장 2큰술, 미림 1큰술, 설탕 2작은술, 다시마가츠오 육수 300cc

Recipe

1

가지는 깨끗이 씻은 후 키친타월로 물기를 닦고 꼭지를 제거한 다음 4등분 해주세요. 기름에 튀길 거니까 꼭 물기를 잘 닦아내야 해요.

2

가지에 사선으로 칼집을 촘촘히 내주세요. 너무 푹푹 내지는 마시고 0.5cm 정도의 깊이가 적당해요.

3

국물 재료를 냄비에 넣고 끓여주세요. 끓어오르면 불을 끄고 가지를 넣을 수 있는 크기의 그릇에 옮겨 담습니다.

4

180℃(튀김젓가락을 넣었을 때 거품이 빠글빠글 올라오는 정도) 기름에 가지를 넣고 가지 껍질이 살짝 부드러워질 때까지 튀겨주세요.

5

튀긴 가지는 건져 기름망에서 기름을 빼주세요. 튀기자마자 바로 국물에 담그면 기름이 너무 많아서 안 좋아요.

6

3에서 준비해둔 국물에 기름을 뺀 가지를 담그고 한김 식으면 냉장고에 넣어 차갑게 식혔다가 가츠오부시를 뿌려 드세요. 하루 정도 지나면 국물이 가지에 쏙 배어서 더 맛있어져요.

なすの味噌炒め

나스노미소이타메

가지와 돼지고기는 찰떡궁합!
가지미소볶음

가지는 기름하고 만나면 양념이 더 잘 스며들어서 한층 맛있어져요.
여기에 볶은 돼지고기를 넣고 미소된장 양념으로 살짝 조리면 밥반찬으로 최고!
따끈따끈한 밥 위에 이 가지미소볶음을 얹어서 덮밥처럼 먹으면
전 밥 두 그릇도 먹을 수 있어요! (아 참~ 평소에도 두 그릇 먹는구나~)
간단한 레시피지만 맛은 일품이랍니다.

Ready >> 2인분

주재료 가지 1개, 돼지고기 간 것 50g, 참기름 약간, 식용유 적당량
양념 재료 미소된장 1큰술, 미림 1큰술, 간장 1작은술, 설탕 1/2큰술

Recipe

1. 가지를 씻은 후 꼭지를 잘라내주세요. 이 때 사선으로 칼을 넣으면 가지를 알뜰하게 사용하실 수 있어요.

2. 연필 깎듯이 도톰하게 가지를 썰고,

3. 양념 재료는 미리 잘 섞어주세요.

4. 냄비에 식용유 1/2큰술을 넣고 돼지고기를 먼저 볶다가,

5. 돼지고기가 날 드세요! 하고 색이 바뀌면 식용유를 1큰술 더 넣고 준비한 가지를 투하해 가지가 야들야들해질 때까지 볶아주세요.

6. 미리 섞어놓은 3의 양념을 넣고 국물이 자작해질 때까지 볶아주세요. 다 볶아지면 불을 끄고 참기름 2~3방울 떨어뜨려주면 완성~

피망이 듬뿍 들어간
돼지고기미소볶음

피망이 듬뿍 들어있는 돼지고기볶음이에요.
신랑이 피망을 그렇게 싫어했는데
이거 먹고 피망을 사랑하게 되었다며 제가 아닌 이 음식한테 고마워하길래
거침없이 복부킥을 날려줬세요.
달콤짭조름한 미소 양념이 배인 돼지고기와
피망의 아삭하고 산뜻한 향이 어우러져서 밥하고 진짜 잘 어울려요.
신랑이 도시락 반찬으로 이거 하나만 넣어주면 밥 잘 먹을 수 있다고
이것만 싸달라고 할 정도로 완전 밥도둑!

부타니쿠토피망노미소이타메

Ready >> 2인분

주재료 돼지고기 200g, 피망 5~6개, 식용유 적당량
양념 재료 미소된장 2큰술, 미림 2큰술, 간장 2작은술, 설탕 1큰술

Recipe

돼지고기는 어느 부위를 써도 상관 없는데 살짝 기름기 있는 게 좋답니다.

1. 피망은 씨를 제거한 후에 2cm 두께로 채 썰고 돼지고기는 듬성듬성 썰어주세요.

2. 양념 재료는 미리 잘 섞어주세요.

3. 프라이팬에 식용유 1큰술을 두르고 돼지고기를 먼저 볶다가,

4. 돼지고기가 다 익으면 피망을 넣고 피망이 야들야들해질 때까지 볶아주세요.

5. 2의 양념을 넣고 양념이 졸여지면 접시에 담아 밥과 함께 흡입해주세요~

향이 좋은 버섯 소스의
두부 스테이크

콩으로 만들어진 두부는 여성 호르몬과 비슷한 식물성 이소플라본이 들어 있는 식품이라
한동안 가슴을 크게 만들어보겠다는 일념으로 엄청 먹었던 적이 있었더랬죠.
(결과는 그놈이 그놈이었어요ㅜ.ㅜ 어흐흑흑)
암튼 그때 두부를 계속해서 먹다보니 단백한 맛이 지겨워서
조금이라도 다른 맛으로 먹어보자며 만들었던 레시피예요.
이름은 스테이크지만 칼로 썰어 먹는 건 아니고 고기 맛이 나는 건 더더욱 아니지만서도
버섯의 맛이 쏙 배어 있는 소스와 바삭보들한 두부의 만남은
스테이크 못지않게 환상적이라는 거!

토후스테키
豆腐ステーキ

Ready >> 2인분

주재료 두부 1/2모, 버섯 2주먹, 가츠오부시 적당량, 파 적당량, 소금 약간, 밀가루 약간, 식용유 약간

소스 재료 다시마가츠오 육수 200cc, 미림 1큰술, 간장 2+1/2큰술, 설탕 2작은술

녹말물 재료 녹말가루 1큰술, 물 1큰술

Recipe

> 버섯은 아무 종류나 좋아하는 걸 쓰시면 됩니다~

1 두부는 넓적하게 반으로 잘라 양면에 소금을 약간 뿌린 후 키친타월로 물기를 닦아주세요.

2 버섯은 뿌리 부분은 자르고 한 가닥씩 나눈 다음 가볍게 씻어주세요.

3 냄비에 소스 재료를 넣고 끓이다 확 끓어오르면 버섯을 넣고 중간 불로 바꿔서 8분만 더 끓여주세요.

4 약한 불로 바꿔서 녹말물을 넣으며 걸쭉해지도록 맞춰주면 버섯소스는 완성!

5 달군 프라이팬에 식용유 1큰술을 넣고 밀가루를 묻힌 두부를 잘 구워 접시에 담고 4번의 버섯소스를 얹어주세요. 마무리로 가츠오부시와 잘게 썬 파를 뿌려주시면 더 맛있답니다.

부드럽게 톡 쏘는
오징어수미소

수미소는 미소된장에 식초와 설탕을 넣은 양념장을
말하는데 장에 식초를 넣는 방식은
초고추장하고 비슷하지만 맛은 전혀 달라요.
데친 오징어나 문어를 찍어 먹어도 맛있고
생선구이에 뿌려 먹기도 하고
데친 채소를 찍어 먹기도 하고,
암튼 여러 음식에 두루 잘 어울리는 양념장이에요.
만들어 냉장 보관해두면
간단하게 반찬을 만들 수 있어 편리하답니다.

이카노수미소아에

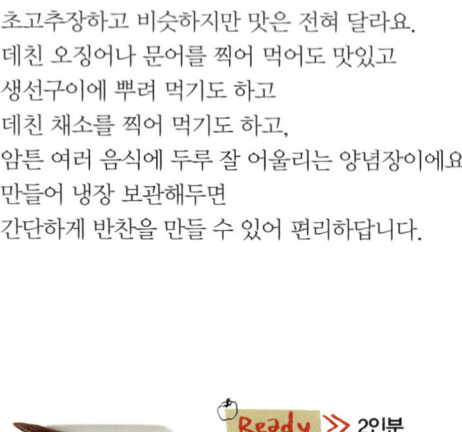

Ready >> 2인분

주재료 오징어 1/2마리, 오이 1/2개

양념 재료 미소된장 2큰술, 식초 1큰술, 설탕 1큰술

Recipe

1 오이는 얇게 썰어서 소금을 약간 뿌려뒀다가 물기가 생기면 찬물에 가볍게 헹궈 꽉 쥐어 물기를 빼주세요.

2 오징어는 내장을 빼내고 껍질을 벗긴 다음 안쪽에 세로로 길쭉하게 칼집을 내고 같은 방향으로 2~3등분해주세요.

3 가로로 칼집을 내고 한입 크기로 썰어주세요.

4 끓는 물에 오징어를 넣고 오그라들면 잽싸게 건져내 찬물에 식혔다가 물기를 털어주세요.

5 양념 재료를 잘 섞은 후 접시에 데친 오징어와 절인 오이를 담고 그 위에 뿌려주시면 완성.

키노코노시구레니

きのこのしぐれ煮

버섯의 쫄깃함이 좋아요!
버섯조림

어렸을 때는 버섯이 그렇게 싫었는데 나이를 먹어서 그런가 입맛이 확 바뀌면서 버섯을 정말 좋아하게 되었어요. 특히 그 쫄깃쫄깃한 식감은 최고! 좋아하는 버섯을 아무거나 왕창 넣고 간장 양념에 잘 조려서 냉장고에 넣어두면 한 끼는 아무 문제없이 해결이죠.

Ready » 2인분

주재료 팽이버섯 100g, 느타리버섯 100g, 마른 고추 약간

양념 재료 물 50cc, 간장 2큰술, 미림 1/2큰술, 요리술 1큰술

Recipe

1 팽이버섯의 뿌리 부분은 잘라내고 물에 살짝 헹군 후 반으로 썰어주세요.

2 느타리버섯도 뿌리 부분을 잘라내고 물로 헹군 후 잘게 뜯어주세요.

버섯을 씻은 후 냉장고에 보관하면 금방 상하더라고요. 쓸 만큼만 꺼내 씻어주세요.

3 양념 재료를 냄비에 담고 불에 올려 끓어 오르면,

4 손질한 버섯과 마른 고추를 넣어요. 국물이 자작해질 때까지 센 불로 끓인 뒤 식으면 냉장고에 보관해주세요.

ひじきの煮物
히지키노니모노

톳의 고소함이 담긴
톳조림

톳은 철분이 많아 여자한테 좋다고 신랑이 아무리 먹으라고 해도 전혀 손이 안 가더라고요.
가장 큰 이유는 머리카락 같은 생김새 때문에… 뭔가 털을 먹는 기분이랄까 -_-;;
암튼 그랬던 저인데 어느 날 갑자기 톳조림의 매력에 풍덩 빠져버렸지 뭐예요.
이젠 밥 위에 톳조림 얹고 국물 조금 얹어주면 그야말로 밥을 드링킹 할 수 있어요.

Ready >> 2인분

주재료 마른 톳 10g, 당근 1/4개, 치쿠와오뎅 1개, 삶은 연근 25g, 실곤약 50g, 식용유 적당량

양념 재료 다시마가츠오 육수 100cc, 요리술 1큰술, 설탕 1큰술, 간장 1+1/2큰술, 미림 1큰술, 소금 약간

Recipe

1 마른 톳을 찬물에 넣고 30분 정도 불린 후 찬물로 헹궈 체에 밭쳐주세요.

2 당근은 3cm 길이로 채 썰고 어묵도 얄팍하게 썰어주세요.

3 삶은 연근은 모양대로 동그랗게 썬 후 한 입 크기로 잘라 놓고, 실곤약은 칼로 듬성듬성 썰어주세요.

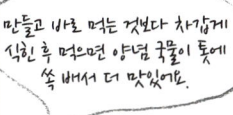

익히려고 볶는 게 아니에요. 약한 불에서 톳에 식용유를 묻힌다는 느낌으로 가볍게!

4 프라이팬에 식용유 1/2큰술을 두르고 물기를 뺀 톳을 넣고 약한 불에 볶아주세요.

5 여기에 준비한 당근과 연근, 오뎅을 넣고 잘 섞어주세요.

6 실곤약을 넣고 양념 재료를 넣어주세요.

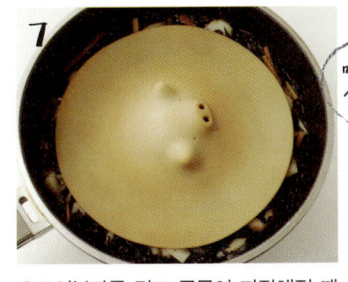

만들고 바로 먹는 것보다 차갑게 식힌 후 먹으면 양념 국물이 톳에 쏙 배서 더 맛있어요.

7 오토시부타를 덮고 국물이 자작해질 때까지 중간 불로 뭉근히 끓여주세요. 국물이 자작해지면 간을 한번 보시고 싱거우면 간장을 더해주세요.

ふろふき大根
후로후키다이콘

미소소스를 얹은 부드러운 무
후로후키다이콘

후로후키다이콘은 보통 미소소스를 얹어 먹는데
저는 뱃속에 기름칠을 꼭 해야 하는 육식주의자인 관계로 고기미소볶음을 얹어 먹어요.
이렇게 했더니 담백하기만 한 무에 고기 맛이 더해져서 잘 어울렸어요.
젓가락으로 부드럽게 잘릴 정도로 무를 삶아 따끈따끈할 때 후후 불면서 먹으면 참 맛나요.
완전 뜨거울 때 이로 앙~ 물면 이빨 빠질 수도 있으니 조심하이소~

Ready >> 2인분

주재료 무 1/4개, 니쿠미소(고기를 넣고 볶은 미소, 62쪽 '니쿠미소' 레시피 참조) 4큰술, 쌀뜨물 넉넉히

Recipe

1. 무는 3~4cm 두께로 썬 다음 껍질을 벗겨주세요. 무의 윗부분은 단맛이 강하고 뿌리 부분은 매운맛이 강해요. 입맛대로 부위를 골라주세요.

2. 삶는 동안 무가 으스러져 모양이 망가지지 않도록 칼로 가장자리를 둥글게 깎아주세요.

쌀뜨물을 넣으면 무의 풋내가 없어져서 좋아요. 그리고 뜨거운 물에 무를 넣으면 무가 투명하게 삶아지지 않고 겉이 부스러지니까 꼭 찬물에 무를 넣고 끓여주세요.

3. 냄비에 쌀뜨물(또는 물에 생쌀 약간)을 넣고 무를 넣은 후 10분 정도 끓여주세요.

4. 이 정도면 쌀뜨물의 역할이 다 끝났으니 물을 버리고 다시 물을 담아 40분 정도 더 끓여주세요.

5. 젓가락으로 찍어서 부드럽게 쑥 들어가면 다 익은 거예요. 건져서 니쿠미소를 듬뿍 얹어 드시면 됩니다!

횟집 스키다시보다 더 맛나는
단호박조림

한국에서 횟집 가면 스키다시로 항상 단호박조림이 나오잖아요.
근데 어떤 곳은 너무 달거나 아예 무미무취라 손도 안 대는 반면,
어떤 곳은 달콤짭짤한 맛이 딱 좋아서 몇 번이고 단호박만 리필을 외치는 경우도 있죠.
단호박의 자연스러운 단맛을 한껏 살려주는
촉촉하고 맛있는 단호박조림을 만들어봐요.

かぼちゃの煮物

카보차노니모노

Ready >> 2인분

주재료 단호박 1/4통

양념 재료 다시마가츠오 육수 300cc, 설탕 1큰술, 소금 1/2작은술, 미림 1큰술, 간장 1작은술

Recipe

1

단호박은 숟가락으로 씨앗을 긁어내고 껍질을 대충 칼로 깎아 무당벌레 모양으로 만들어줘요. 이래야 양념이 쏙쏙 잘 배거든요.

2

손질한 단호박을 큼직큼직하게 썰어주세요.

3

냄비에 다시마가츠오 육수와 단호박을 넣고 오토시부타를 덮고 끓이다 물이 끓어오르면 약불로 5분간 더 삶아주세요.

4

설탕, 소금을 넣고 약한 불에 5분간 더 삶아주세요. 설탕, 소금 같은 가루 타입의 조미료를 먼저 넣어 단호박 안에 간이 배게 하고 액체 타입의 조미료는 마지막에 넣어 겉면에 간이 배게 하는 거예요.

5

미림과 간장을 넣고 약한 불에 5분 더 끓인 다음 불을 끄고 5분 정도 그대로 놔둬 맛이 배도록 해주세요. 이쑤시개로 단호박을 찔러 부드럽게 쏙 들어가는 정도가 되면 완성!

배추의 단맛을 느끼게 해주는
배추조림

사진만 보면 허여멀건한 게 맛있을까 싶죠잉?
근데 이거 완전 맛있어요~
배추의 단맛도 살아 있고
양념 국물을 쏘옥~ 흡수한 유부도 완전 별미!
만들기도 엄청 간단하답니다.

하쿠사이노삿또니

Ready >> 2인분

주재료 배추 1/4포기, 유부 2장
양념 재료 다시마가츠오 육수 400cc, 요리술 1큰술, 간장 1큰술, 설탕 2작은술, 소금 1/2작은술

Recipe

1 배추랑 유부는 대충 큼직큼직하게 썰어 주세요.

2 냄비에 준비한 양념 재료를 다 넣고 끓여 주세요.

3 끓은 양념에 배추 하얀 부분 먼저 깔고 유부 깔고, 다시 배춧잎 깔고 유부 깔고 해주세요. 배추 하얀 부분이 제일 두꺼워 밑에 깔아두는 거지만 귀찮으면 기냥 한꺼번에 확 넣어도 돼요.

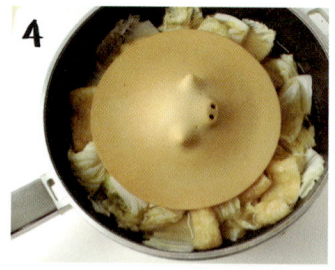

4 오토시부타를 덮고 배추가 야들야들해 질 때까지 센 불에 끓이기만 하면 끝!

 **볶음밥과 라멘에 필수 아이템!**

차슈

냉면 시켰는데 수육 없으면 세상이 떠나가라 마음으로 울고 수육 한 장 들어 있음 세상은 다 내 끄야~ 하면서 행복해요.^^ 육식주의자는 고기 앞에서 순한 양이 되니까요. 일본 라멘도 냉면 수육처럼 차슈가 없음 완전 서운해서 전 집에 꼭 만들어놔요. 돼지고기 한 덩이 사서 만들어두면 간장에 절여서 그런지 상하지 않고 10일 넘게 보관이 되더라고요. 간단한 방법으로 야들야들한 차슈를 만들어보아요~

チャーツユー 차슈

Ready >> 15장 분량

주재료 돼지고기 350g, 파(파란 부분) 1/2개, 생강 1쪽, 식용유 약간

양념 재료 간장 100cc, 요리술 100cc, 물 200cc, 설탕 6~7큰술

Recipe

이 단계에서는 속까지 익히는 게 아니라 겉면만 구우면 돼요.

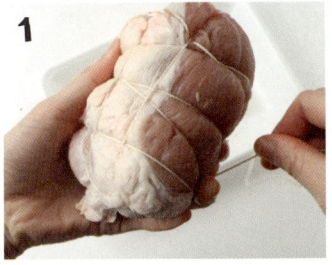

1 돼지고기 도막을 요리용 명주실로 꽁꽁 묶어주세요. 이렇게 묶어서 조리해야 고기 모양이 흐트러지지 않고 예뻐요. 고기 부위는 다리살, 삼겹살, 목살 다 가능해요.

2 달군 프라이팬에 식용유 1큰술을 넣고 돼지고기의 겉면을 노르스름하게 구워주세요.

3 압력솥에 양념 재료를 넣고 파와 생강, 2의 구운 돼지고기를 넣은 다음 뚜껑을 덮고서 센 불로 끓여주세요. 압력추가 삐삐~ 하면서 돌기 시작하면 약한 불로 바꾸어 30분간 더 끓여주세요. 압력솥이 없을 땐 냄비에 오토시부타를 덮은 후 중간 불에서 2시간 동안 삶으면 됩니다.

4 돼지고기를 감싼 명주실을 풀고 끓인 양념 국물에 담가 보관하면서 드실 양만큼 잘라서 사용하세요.

된장의 풍미가 가득한 고기미소볶음
니쿠미소

한국에 고추장볶음이 있다면
일본엔 미소볶음이 있어요.
고추장볶음의 칼칼함 덕분에 밥 한 그릇 뚝딱이라면
미소볶음은 고소한 맛에 밥 한 그릇 뚝딱이랍니다.
고기가 들어간 미소볶음을 삶은 채소에 얹어주면
얼렁뚱땅 메인 요리가 되고
이것마저도 귀찮을 때는 그냥 밥 위에
한 숟가락 척 얹어서 먹어도 좋아요.
활용도 높은 미소볶음 만들어볼까요?

니꾸미소

Ready ≫ 2인분

주재료 돼지고기 간 것 150g, 참기름 1큰술

양념 재료 미소된장 3+1/2큰술, 설탕 4큰술, 물 50cc, 간장 1+1/2큰술, 케첩 1+1/2큰술, 다진 마늘 1/2작은술

Recipe

1 프라이팬에 참기름을 두르고 간 돼지고기를 뭉치지 않게 부셔가며 약한 불에 볶아주세요.

2 돼지고기가 갈색으로 변해 날 먹어줘~ 할 때쯤 미소된장과 설탕을 넣고 돼지고기와 잘 섞어주세요. 이때도 역시 약한 불!

케첩의 신맛이 느끼한 맛을 잡아줍니다!

3 고기에 광택이 돌면 물을 넣고 케첩과 간장을 넣고 약한 불로 물이 자작해질 때까지 끓여주세요

4 물기가 거의 없어지면 다진 마늘을 넣고 잘 섞은 뒤 불을 끕니다. 식으면 밀폐용기에 담아 냉장 보관 해주세요.

食べるラー油
타베루라유

일본에서 유행 중인 그냥 먹는 고추기름
타베루라유

평소 고추기름을 먹을 일이 별로 없었는데 어느 날 TV에서 마른 해산물을 고추기름에 볶아 밥에 얹어 먹을 수 있도록 만든 음식을 소개한 거예요. 그 이후로 폭발적인 인기를 끌면서 슈퍼에서도 엄청 많이 팔았어요. 시판 제품은 기름이 많고 씹는 맛이 덜하길래 집에서 한번 만들어봤는데 훨씬 맛있더라고요. 밥에 조금씩 덜어 먹어도 좋고 채소볶음 등에 넣어주면 더욱더 깊은 맛이 나요. 냉장고에서 일주일 정도 보관 가능하답니다.

Ready ≫ 2인분

주재료 작은 마른 새우 3큰술, 가츠오부시 1/2주먹, 관자 통조림 1/2개(또는 마른 오징어채 1주먹), 양파(小) 1/5개, 마늘 2~3쪽

양념 재료 고춧가루 1큰술, 두반장 1/2큰술, 식용유 60cc, 참기름 1큰술

Recipe

1 마늘, 양파는 잘게 썰고 관자는 물기를 쏙 빼서 잘게 썰어주세요.

2 준비한 식용유에서 1큰술을 덜어 프라이팬에 넣고 준비한 양파와 마늘, 관자를 약한 불에서 볶아주세요.

3 불을 끄고 마른 새우, 가츠오부시를 넣고 고춧가루, 두반장, 남은 식용유를 넣은 후 약한 불에서 2분 정도 볶아주세요.

4 불을 끄고 참기름 1큰술을 넣어 잘 뒤적여주면 완성! 밀폐용기에 넣고 냉장 보관해주세요.

> 식용유 대신 포도씨유 등을 이용하셔도 되는데, 이때 꼭 향이 약한 기름을 쓰셔야 해요. 올리브유로 만든 건 특유의 향 때문에 별로였거든요.

白菜の漬物

하쿠사이노츠케모노

산뜻하고 아삭아삭한 배추절임
츠케모노

일본의 배추절임인 츠케모노는 우리나라 김치처럼 다른 요리에 활용하는 맛은 없지만
특유의 산뜻하고 아삭아삭한 맛이 있어 느끼한 음식 먹을 때 잘 어울려요.
그래서 저는 김치랑 츠케모노를 둘 다 만들어두고 있어요.
정말 제대로 츠케모노를 만들 때는 먼저 배추를 말리고(이렇게 하면 단맛이 올라와요)
소금에 절인 뒤 일주일에서 10일 정도 있다가 먹어야 해요.
여기에서는 조금씩 금방 만들어 먹을 수 있도록 간단 레시피를 소개합니다.

Ready >> 2인분

주재료 배추 1/4개, 소금 배추 무게의 3% 분량, 다시마 약간, 마른 고추 약간

Recipe

1

배추는 깨끗이 씻은 후 밑동에 칼집을 넣은 다음 손으로 반을 갈라주세요.

2

먹기 좋은 크기로 적당히 잘라주세요. 이렇게 하면 더 빨리 절여져서 빠른 시간 내에 먹을 수 있어요

3

위생비닐에 배추 대 부분을 먼저 넣고 준비한 소금의 1/2을 넣어서 잘 섞어주세요. 그런 다음 잎 부분을 넣고 나머지 소금을 넣고 다시 잘 섞어주세요.

4

마른 고추와 다시마를 잘게 썰어 넣어주세요. 이때 다시마는 물에 적시지 않은 마른 다시마를 이용해주세요.

5

위생 비닐의 공기를 쭉 빼고 입구를 막아주세요.

6

적당히 무거운 것을 올린 후 냉장고에 보관해주세요.

7

2~3일 정도 지나면 물이 생기는데 이 물은 버리지 말고 밀폐용기에 배추와 함께 넣어 보관하고 다시마는 건져내주세요.

Tip

배추에 따른 소금의 양
무게를 잴 수 없을 땐 속이 꽉 찬 배추 1/4개의 경우 소금은 1큰술보다 약간 적은 적도로 넣어주면 적당해요. 츠케모노는 물에 헹구지 않고 오직 배추에서 나온 수분만을 이용하기 때문에 가능한 한 정확하게 배추 무게를 재고 소금의 양을 정해주시는 게 좋아요.

두 가지 맛을 즐기는
부추무침

저희 집은 텃밭에 채소를 키우…지는 않고 지들이 알아서 막 자라나요. 특히 봄이 되면 부추가 엄청나게 자라는데 그럼 전 신나게 제가 좋아하는 부추전을 만들어 먹어요. 그러다 부추전이 좀 질린다 싶으면 부추를 살짝 데쳐서 무침을 해먹기도 하죠.
부추 향을 즐길 수 있으면서 엄청 간단하고 부추의 양이 확 줄기 때문에 몸에 좋은 부추를 많이 먹을 수도 있어요. 이 무침의 핵심은 데치는 시간을 짧게 해서 질기지 않게 만들어야 한다는 거!
부추 오래 데치면 이에 엄청 낍니다요.

니라아에

Ready ≫ 2인분

주재료 부추 1단

양념 재료 시오콤부(간장·소금 등에 절인 다시마) 1큰술, 가츠오부시 2큰술, 간장 2작은술

Recipe

1 부추는 깨끗이 씻은 후 3cm 길이로 썰어주세요.

2 냄비에 물을 넉넉히 넣고 팔팔 끓어오르면 부추의 딱딱한 뿌리 부분을 먼저 넣고 10초 센 뒤에 부드러운 잎 부분을 넣은 다음 10초간 더 데쳐주세요.

3 데친 부추를 후딱 찬물에 헹궈줍니다. 이래야 부추 식감이 살아요.

4 데친 부추의 물기를 짠 후 반으로 나눠 한쪽에는 시오콤부를 섞고 다른 한쪽에는 가츠오부시와 간장을 넣고 섞어주세요.

> 시오콤부를 넣는 쪽에는 짭짤한 간이 되어 있어 간을 따로 할 필요가 없어요. 시오콤부가 없을 땐 콤부노츠쿠다니(69쪽 참조)를 잘게 썰어 넣어주세요.

浅漬け

아사즈케

새콤달콤 짭조름한 채소초절임
아사즈케

저는 육식주의자이지만 고기만 먹진 않아요. (큰 자랑입니다아~) 이때 잘 곁들이는 것이 바로 아사즈케. 간단하면서 맛이 상큼해 채소를 맛나게 먹을 수 있어요. 피클 만드는 채소는 거의 다 사용 가능하니까 집에 있는 자투리 채소를 편하게 활용해주시면 돼요. 대신 피클처럼 오래 보관하고 먹는 거보다는 해서 바로 먹는 게 맛있다는 거. 조금씩 만들어서 채소의 아삭아삭함을 제대로 즐겨보아요~

Ready » 2인분

주재료 양배추잎 5~6장, 당근(小) 1/8개, 무 3cm 1도막, 오이(小) 1/2개

양념 재료 식초 2큰술, 설탕 1큰술, 소금 1작은술

Recipe

1 양배추는 넓적하게 네모 형태로 썰어주세요. 양배추 대신 배추를 이용하셔도 좋아요.

2 당근과 무도 2cm 길이로 넓적하게 썰어주세요. 딱딱한 채소일수록 얇게 썰어주세요.

3 오이는 동그랗게 썰어주세요. 2인분 양의 채소는 다 합쳐서 대략 300g 정도면 적당해요. 채소 양이 많아지면 양념 재료 분량도 늘려주세요.

4 위생비닐에 다듬은 채소와 양념 재료를 넣고,

5 공기를 넣어 양념과 채소가 잘 섞이게 흔들어준 후 공기를 빼서 냉장고에 최소 30분 정도 뒀다가 드시면 됩니다.

아삭아삭한 오이와 겨자의 만남
카라시즈케

からし漬け 카라시즈케

오이는 상쾌한 향이 정말 좋아요. 특히 여름에는 정말 오이 없음 반찬 뭘로 하나 싶을 정도로 오이무침, 오이김치, 오이초절임 등 온갖 방법으로 맛나게 먹고 있어요.
항상 먹는 오이 반찬 말고 색다른 맛이 당긴다면 겨자의 톡 쏘는 맛을 함께 즐길 수 있는 겨자절임을 추천합니다. 느끼한 거 먹고 나서 이 카라시즈케 한입 먹으면 상큼한 맛과 함께 매콤함이 살짝 올라와 개운해지면서 느끼한 걸 다시 먹을 수 있는 용기를 줘요!

Ready » 2인분

주재료 오이(大) 3~4개
양념 재료 설탕 3큰술, 소금 1작은술, 연겨자 1작은술

Recipe

1 오이는 깨끗이 씻어 1.5cm 두께로 어슷하게 썰어주세요.

2 위생비닐에 양념 재료를 분량대로 넣어주세요. 겨자가루를 이용하신다면 물에 개지 말고 바로 가루를 넣어주세요.

3 오이를 넣어 가볍게 조물조물 해주세요.

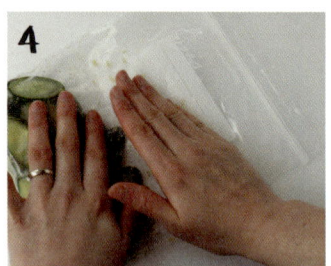

4 위생비닐의 공기를 쫙 뺀 후(이렇게 해야 채소에 양념이 잘 배요) 냉장고에 뒀다가 24시간 뒤에 드세요.

먹으면 먹을수록 중독되는 다시마조림
콘부노츠쿠다니

다시마 육수 만들고 난 다시마 어떻게 하세요? 그냥 먹기엔 맛이 없고 버리기엔 좀 아깝고 그렇죠? 그럴 때 달콤짭짜름한 간장조림을 해놓으면 밥반찬으로 최고예요. 다시마의 꼬들꼬들 씹는 맛까지 있어 이거 은근히 중독돼요. 밥 한입 먹고 다시마조림 한입 먹고 오물오물 씹다가 꿀꺽 삼키고 나면 또 생각나서 금방 또 한입! 채소에 이 다시마조림을 넣어 팍팍 무쳐 먹어도 굿~

昆布の佃煮

Ready >> 2인분

주재료 육수 내고 난 다시마 10cm 3~4장, 물 50cc, 마른 고추 약간

양념 재료 간장 1+1/2큰술, 설탕 1큰술, 요리술 1/2큰술, 미림 1/2큰술

Recipe

1 다시마를 잘게 잘라주세요. 두껍게 자르면 씹는 맛이 있고 잘게 썰면 무침 요리에 넣는 용도로 쓰기 좋아요.

2 냄비에 물 50cc와 자른 다시마를 넣고 끓이다 확 끓어오르면,

3 분량의 양념 재료와 마른 고추를 넣고 자작하게 조려주시면 끝! 마른 고추는 칼칼한 맛을 내기 위해 넣었는데 없으면 생략해도 돼요.

2 국·찌개

우러나는~ 얼큰 따뜻한 한 입

두부미역미소시루 | 배추미소시루 | 조개미소시루 | 버섯미소시루 | 감자미소시루 | 카레나베 | 토마토나베 | 오뎅탕 | 돈지루 | 곱창전골 | 미소냉국 | 미네스트로네

일본 가정식 기본 중의 기본
두부미역미소시루

일본 가정 요리의 기본인 미소된장국 중에서도
기본인 미역과 두부를 넣은 국입니다.
신랑이 더운 여름엔 뜨거운 미소된장국을
잘 안 먹는데 "두부랑 미역 들어간 거여" 하면
두말 없이 먹는다고 할 정도로 좋아해요.
일본도 한국처럼 밥과 국을 함께 내서 준비하느라
신경 쓰이는데 이 국은 끓이는 시간도
15분 정도밖에 안 걸려서 간편해서 더 좋아요.

와카메노미소시루
わかめの味噌汁

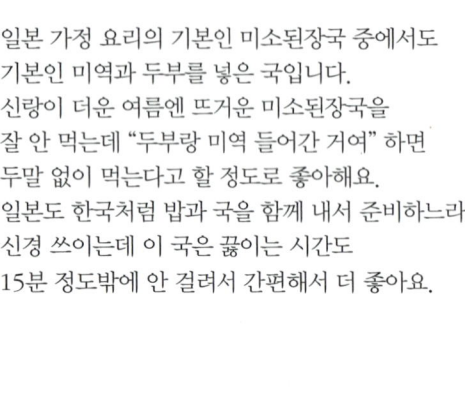

Ready ▶ 2인분

주재료 두부 1/3모, 자른 마른 미역 1/2주먹

육수 재료 물 800cc, 대멸치(다시용) 3~5마리

양념 재료 미소된장 3큰술, 혼다시 1/4작은술

Recipe

> 멸치 대가리 있으면 간단히 육수를 만들 수 있어요.

1 냄비의 물이 팔팔 끓으면 멸치를 넣고 뚜껑 덮고 중간 불에서 10분간 더 끓입니다.

2 물이 끓는 동안 두부를 1cm 크기로 깍둑 썰기를 합니다.

3 육수를 쭉 짜낸 멸치들은 건져내고

4 약한 불로 바꾼 뒤 미소된장을 풀어 넣고 혼다시도 넣어주세요. 이때 간을 보고 짜면 물을 살짝 더, 싱거우면 미소된장을 좀 더 넣어주세요.

5 마른미역을 1/2주먹만 넣어주세요. 마른 미역은 확 불어나기 때문에 왕창 넣으면 바다를 보실 수 있어요.

6 모양이 부스러지지 않도록 두부를 살살 넣고 불을 꺼주세요. 상에 내기 전에 한소끔 끓이고 국자로 밑에 깔린 미소된장이 위로 떠오르게 해 뜨는 것 잊지 마세요.

하쿠사이노미소시루

겨울에 먹으면 더 맛있는
배추미소시루

겨울에 추울 때 뜨끈한 게 먹고 싶긴 한데, 그렇다고 나베를 만들기엔 귀찮고 그럴 때 겨울이 제철인 달달한 배추를 왕창 넣고 유부를 넣어서 나베 같은 미소시루를 만들어 먹으면 간단하면서도 맛있답니다.
유부에 미소 국물이 잔뜩 배어 있어 덥석 물면 입천장 홀랑 다 까지니까 꼭 호호 불며 건져 드셔야 해요~
저희 시아버지께서 제일 좋아하는 미소시루이기도 해요.

Ready ≫ 2인분

주재료 배추 1/8포기, 유부 1장
육수 재료 물 800cc, 대멸치(다시용) 3~5마리
양념 재료 미소된장 4큰술, 혼다시 1/2작은술

Recipe

1. 배추는 건져 먹기 좋도록 1cm 두께로 채 썰고,

2. 유부는 반으로 자른 후 1cm 두께로 썰어주세요.

3. 멸치로 다시 국물을 만든 후 미소된장과 혼다시를 넣어주세요.

4. 배추와 유부를 넣고 2분 정도 센 불로 끓이면 완성!

배추에서 수분이 나와 싱거워지기 때문에 다른 미소시루에 비해 미소된장을 1큰술 정도 더 넣었어요.

조개 국물이 시원한
조개미소시루

貝の味噌汁 — 카이노미소시루

소금만 넣고 끓여도 맛있는 뽀얀 조개 국물에
미소된장국을 끓이면 "국물이… 국물이…
끝내줘욧!"을 외칠 수 있어요.
조개를 넣고 끓이는 미소된장국은
따로 멸치 육수 같은 걸 만들 필요도 없어서
정말 5분이면 완성할 수 있어요.
저는 바지락을 쓰긴 했는데 재첩을 이용하거나
가리비나 홍합을 이용해도 맛있더라고요.
조개로 만든 미소된장국에는 꼭 빠져서는 안 될 것이
있는데, 바로 송송 썬 파! 파를 넣고 안 넣고에 따라
맛이 확 차이가 나기 때문에 파는 꼭 넣어주셔요~

Ready >> 2인분
주재료 바지락 300g, 물 800cc,
미소된장 3+1/2큰술, 파 적당량

Recipe

1 해감한 바지락을 손으로 가볍게 비벼 씻어 헹군 다음 체에 밭쳐 물기를 빼주세요.

2 냄비에 물 800cc를 넣고 팔팔 끓어오르면 해감한 조개를 넣어주세요.

3 조개가 입을 벌리면 약한 불로 바꾼 뒤 미소된장을 넣고 풀어주기만 하면 시원한 조개된장국 완성! 그릇에 국을 담은 후 꼭 얇게 썬 파를 얹어 내주세요.

Tip 조개 해감하기
조개 해감이 안 되었을 경우 물 5컵, 소금 2큰술을 넣고(조개 300g 기준) 잘 섞은 뒤 어두운 곳에 최소 2시간 정도 놔두면 조개들이 "아~바다다" 하면서 좋다고 모래를 막 뱉어내요.

キノコの味噌汁
키노코노미소시루

버섯 좋아하는 내 입에 딱!
버섯미소시루

버섯은 쫄깃쫄깃한 식감 때문인지 조림에,
구이에, 볶음에, 국에 다 잘 어울려요.
이 맛있는 버섯을 어렸을 때는 지지리 안 먹었는데
지금은 너무너무 좋아해서 미소된장국 끓일 때 종류
상관없이 왕창 넣어서 먹고 있어요.
버섯 향이 거슬려요~ 하신다면 향이 강한
말린 표고버섯은 피하고 향이 약한 팽이버섯이나
느타리버섯을 쓰시면 될 거 같아요.

Ready » 2인분

주재료 두부 1/3모, 버섯 2주먹
육수 재료 물 800cc, 대멸치(다시용) 3~5마리
양념 재료 미소된장 3큰술

Recipe

1 두부는 2.5cm 정도 크기로 깍둑썰기합니다. 버섯의 식감에 지지 않게 조금 큼직하게 썰어주세요.

2 버섯은 뿌리 부분을 잘라낸 다음 찬물에 가볍게 씻어 물기를 빼주세요.

3 멸치로 육수를 내고(72쪽 '두부미역미소시루' 레시피 참조) 미소된장을 풀어주세요.

4 두부와 버섯을 넣고 5분 정도 중간 불에 끓여주시면 완성.

ジャガイモの味噌汁

자가이모노미소시루

따끈하고 보드라운
감자미소시루

신랑이 좋아하는 미소시루 베스트 3에 드는 감자미소된장국이에요.
감자의 보드라운 식감과 양파의 단맛,
그리고 미소된장의 짭조름함이 참 잘 어울리는 국입니다.
저희 집은 저녁 식사 때는 꼭 미소된장국을 끓이기 때문에
들어가는 재료를 바꿔가며 끓이다 보니 다양한 레시피가 탄생하고 있어요.
근데 뭘 넣어도 다 맛있다는 거!

Ready >> 2인분

주재료 양파(中) 1/2개, 감자(小) 2개
육수 재료 물 800cc, 대멸치(다시용) 3~5마리
양념 재료 미소된장 3큰술, 혼다시 1/4작은술

양파는 0.3cm 두께로 썰고,

감자도 0.3cm 두께로 한입 크기로 썰어 주세요. 감자는 너무 두껍게 썰면 부드러운 맛이 없고, 얇게 썰면 부스러져 흔적조차 찾을 수 없으니 적당한 두께로 써는 것이 중요해요!

감자의 전분기를 빼고 변색을 막기 위해 찬물에 담가주세요.

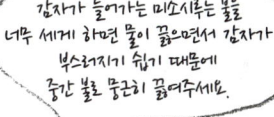

감자가 들어가는 미소시루는 불을 너무 세게 하면 물이 끓으면서 감자가 부스러지기 쉽기 때문에 중간 불로 뭉근히 끓여주세요.

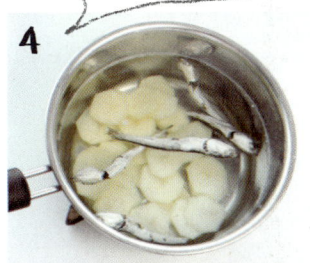

냄비에 물을 넣고 끓기 시작하면 멸치를 넣어 중간 불에서 5분 정도 끓여주다가 감자를 넣고 5분간 더 끓여주세요.

약한 불로 바꾼 뒤 수영하던 멸치들을 젓가락으로 다 건져주세요.

여기에 채 썬 양파를 넣고,

바로 미소된장을 풀고 혼다시도 넣은 뒤 약한 불로 5분 더 끓여주심 완성!

카레와 나베와 리조토가 하나로!
카레나베

카레나베는 최근에 완전 필 꽂힌 나베 중 하나예요.
보통 일본에서는 나베를 먹고 마지막에 우동을 넣어 먹거나 죽을 끓여 먹는데
TV에서 요 카레나베를 먹고 난 후 밥하고 피자치즈를 넣어서 리조토를 해 먹는 거예요.
이거다 싶어 당장 따라 만들어봤는데 역시나 굿이었어요.
카레나베는 버섯의 쫄깃함도 좋고 카레가 쏙 밴 유부와 오뎅 건져 먹는 맛도 있지만
채소의 맛있는 진국이 남은 카레 국물에 리조토를 만들어 먹는 게 최고인 거 같아요.
나란 여자… 카레리조토 먹고 싶어서 카레나베 이용한 여자.

カレー鍋

카레나베

Ready >> 2인분

주재료 양배추(中) 1/4개, 팽이버섯 1/2개, 만가닥버섯 1주먹, 당근 약간, 유부 2장, 오뎅 3~4개

국물 재료 다시마가츠오 육수 700cc, 미림 1+1/2큰술, 간장 2큰술, 카레루 2조각, 카레가루 약간, 소금 약간

Recipe

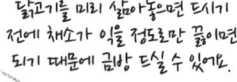
닭고기를 미리 삶아놓으면 드시기 전에 채소가 익을 정도로만 끓이면 되기 때문에 금방 드실 수 있어요.

1 양배추는 큼직하게 깍둑썰기하고 팽이버섯과 만가닥버섯은 뿌리 부분을 자르고 손으로 적당히 뜯어주세요. 당근은 얇게 썰어주세요.

2 유부는 반으로 썰고, 오뎅은 어슷하게 썰고, 닭다리살은 한입 크기로 썰어주세요. 요거 말고도 문어, 오징어, 조개, 곤약, 소시지 등 넣고 싶은 거 아무거나 넣으셔도 돼요.

3 냄비에 다시마가츠오 육수를 넣고 끓어오르면 닭고기를 넣어요. 여기에 미림, 간장을 넣고 닭고기가 익을 정도로 끓여주세요.

밥알이 붇기 때문에 2인분 만들 때 밥은 2공기보다 조금 덜 넣어야 맛있게 먹을 수 있어요.

4 카레루를 넣고 잘 풀어준 다음 소금과 카레가루를 조금씩 첨가하며 간을 봐주세요.

5 냄비에 양배추를 깔고 그 위에 버섯과 당근, 2의 오뎅과 유부 등을 예쁘게 세팅하고 4의 카레 국물을 화끈하게 붓고 드시기 전에 한 번 더 끓여주세요.

6 국물과 건더기를 건져 드신 다음 남은 국물에 밥이랑 피자치즈를 넣고 약한 불로 살짝 끓여주면 맛있는 리조또가 탄생!

トマト鍋
토마토나베

채소가 아삭아삭 씹히는 따끈한
토마토나베

추운 겨울날 따끈한 국물이 생각난다면 담백한 맛이 일품인 토마토나베를 만들어보아요~
예전부터 있던 나베 종류는 아니고 토마토가 건강에 좋다고 유행을 타면서
한 나베 전문점에서 만든 요리랍니다.
따라 해봤더니 새콤한 토마토 국물에 시원한 해산물 육수가 잘 어울리더라고요.
채소를 푹 익히지 않기 때문에 아삭아삭한 식감도 즐길 수 있고요.
남은 국물에 찬밥을 넣고 피자치즈를 넣고 약한 불에 끓이면
채소와 해산물의 맛이 밴 끝내주는 리조토까지 드실 수 있답니다.

Ready ≫ 2인분

주재료 닭다리살 1/2도막, 오징어 1/2마리, 대구 1도막, 전복 1마리, 배추 1/8포기, 경수채 1/2단

국물 재료 다시마 육수 600cc, 토마토 통조림 1/2캔, 콩소메 1큰술, 소금·후추 약간씩

Recipe

1 닭다리살은 한입 크기로 썰고 대구와 전복, 오징어는 원하는 크기로 썰어주세요. 이때 닭다리는 뼈가 붙어 있는 걸 사용하는 게 육수가 잘 나와서 더 좋아요.

2 배추는 0.5cm 두께로 채 썰고 경수채는 4cm 길이로 썰어주세요. 경수채를 구하기 어려울 땐 생략하고 배추를 더 많이 넣으셔도 돼요.

3 다시마 육수를 냄비에 넣고 끓어오르면 1의 닭다리살을 넣어 익을 때까지 끓여주세요.

4 닭고기가 익으면 토마토 통조림을 투하! 토마토가 잘려 있지 않은 경우에는 잘게 썰거나 손으로 적당히 뭉개 넣어주세요.

5 콩소메와 후추를 넣고 소금 간을 한 다음 중간 불에 10분 정도 끓여주세요. 콩소메 대신 닭육수가루를 넣어주셔도 돼요. 월계수잎을 넣어도 좋은데 없다면 생략 가능!

6 만들어놓은 5의 육수를 나베에 담아 끓여주세요. 끓어오르면 1의 해산물을 넣고 해산물이 익을 때까지 중간 불에서 끓여주세요.

7 끝으로 썰어놓은 배추와 경수채를 넣고 뚜껑을 덮어 20초 뒤에 바로 드시면 됩니다.

> 건더기를 다 건져 드신 다음 마무리는 꼭 찬밥과 피자치즈를 넣어 리조토로~

おでん
오뎅

골라 먹는 재미의 뜨끈한
오뎅탕

한국에서는 오뎅이라고 하면 그냥 오뎅 그 자체를 말하지만
일본에서는 요리 이름으로 쓰인답니다.
추운 계절이 오면 일본에서는 대부분의 편의점에서 오뎅을 파는데 오뎅, 달걀, 곤약, 무, 문어,
스지 등 그 종류가 매우 다양해서 골라 먹는 재미와 돈 나가는 재미가 함께 있어요~
일본에서는 꼭 연겨자를 찍어 먹거나 국물에 풀어 먹기 때문에
오뎅과 함께 연겨자가 나온다는 점도 한국과 다르네요.
칼칼한 연겨자와 시원한 국물이 일품인 오뎅을 집에서 쉽게 만들어봐요.

Ready ≫ 2인분

주재료 오뎅 종류별로 먹고 싶은 만큼, 달걀 2개, 무 5~6cm 1도막, 유부 2장, 떡 약간
국물 재료 다시마 5cm 1도막, 물 1000cc, 미림 2큰술, 간장 4큰술, 혼다시 1/2작은술

Recipe

1
무는 껍질을 벗긴 후 큼직하게 썰어 가장자리를 둥그렇게 깎고, 오뎅은 먹기 좋은 크기로 자르고, 달걀은 완숙으로 삶아 껍질을 벗겨주세요.

2
물 1000cc에 다시마와 무를 넣고 끓이다 10분 후에 다시마는 건져내고 무는 속이 익을 때까지 뚜껑을 열어놓고 더 삶아주세요.

3
유부 속에 떡을 넣고 이쑤시개나 삶은 미나리로 잘 묶어 입구를 고정해주세요. 이건 없어도 되는 거긴 한데 넣으면 정말 맛있어요. 시원한 국물이 배어 있는 유부와 쭈~욱 늘어나는 떡이 진짜 끝장!

4
떡을 넣은 유부를 제외한 모든 재료들을 국물에 모두 넣고 미림, 간장, 혼다시를 넣은 후 뚜껑을 덮고 중간 불에서 10분간 끓여주세요.

굳이 일본식 나베가 아니고 그냥 냄비를 사용해도 괜찮아요~

5
나베에 4의 내용물을 옮겨 담고 떡을 넣은 유부를 넣어 끓인 후 드세요. 떡을 넣은 유부는 금방 맛이 배기 때문에 꼭 맨 마지막에 넣어주세요.

豚汁 돈지루

〈심야식당〉 음식 따라잡기!
돈지루

드라마 〈심야식당〉 덕분에 한국에서도 유명해진 돈지루예요.
저도 처음엔 돈지루를 별로 안 좋아했는데
드라마에 푸~욱 빠진 이후로 집에서 해 먹기 시작했다는.
돼지고기의 비린 맛도 전혀 없고 느끼하지도 않으면서
채소를 많이 넣어 무국처럼 시원한 국물이 일품이에요.
칼칼하게 먹고 싶을 땐 고춧가루 조금 넣고 밥 말아 후루룩 먹으면 딱!
추운 날 몸을 따뜻하게 하고 싶을 때는 생강을 갈아서 조금 풀어 먹으면 더욱 좋아요.

Ready » 2인분

주재료 돼지고기 얇게 썬 것 50g, 당근 1/4개, 무 1/4개, 생표고버섯 2개, 우엉 1/3개, 곤약 100g, 물 800cc, 요리술 1국자, 파 적당량, 식용유 약간

양념 재료 미소된장 1+1/2큰술, 간장 1큰술

Recipe

1. 당근과 무는 0.3cm 두께로 썬 다음 다시 한입 크기로 썰어주세요.

2. 우엉은 껍질을 벗기고 얇게 썬 후 물에 담가놓고, 표고버섯은 4등분 해주세요.

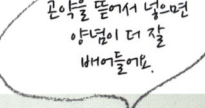

곤약을 뜯어서 넣으면 양념이 더 잘 배어들어요.

3. 곤약은 손으로 한입 크기로 뜯고 돼지고기도 한입 크기로 썰어줘요.

4. 냄비에 식용유 1/2큰술을 두르고 얇게 썬 돼지고기를 중간 불에서 볶아주세요. 이때 기름기가 별로 없는 목살 부위를 쓰면 담백한 돈지루가 돼요.

5. 고기의 색이 변하면 무와 당근을 넣고 잘 섞은 후 찬물 800cc를 넣고 곤약, 표고버섯, 우엉, 요리술을 넣고 뚜껑을 열고 끓여주세요. 채소가 많이 들어가서 맛있는 국물이 나올 거니까 굳이 육수를 안 넣고 맹물을 사용해도 괜찮아요.

6. 물이 끓어오르면 무가 투명하게 될 때까지 뚜껑을 연 채로 중간 불에서 15분 정도 팔팔 끓여주세요.

7. 무가 투명해지면 양념 재료를 넣고 잘 풀어주시면 끝! 드실 때 송송 썬 파를 위에 얹어 내주이소~

Tip **돈지루 국물 노하우**
끓일 때 거품을 꼭 제거해야 텁텁함이 없고 맑은 국이 돼요. 따로 마늘이나 생강을 넣는 게 아니라 뚜껑을 열고 끓여서 잡내를 날려주기 때문에 수분이 날아가는 걸 생각해서 물을 넉넉히 4컵 넣었어요.

진한 국물의 곱창전골

곱창을 정말 야들야들해질 때까지 뭉근히 끓여서 먹는 일본식 곱창전골이에요.
채소가 듬뿍 들어가 있어 국물이 시원하면서도
오래 뭉근히 끓이기 때문에 굉장히 진해서 전골이라기보다는 조림 같은 느낌이랍니다.
이걸 뜨끈한 밥 위에 올려 먹으면 진짜 맛납니다.
요렇게 만들고 나면 곱창의 누린내도 온데간데 없어요.
칼칼하게 즐기고 싶다면 고춧가루를 약간 뿌려 드셔도 좋아요.

もつ煮込み鍋
모츠니코미나베

Ready ≫ 2인분

주재료 삶은 돼지곱창 250g, 무 1/4개, 당근 1/2개, 곤약 50g, 두부 1/2모, 파 1개, 마늘 3쪽, 생강 1쪽, 참기름 1큰술, 물 400cc
1차 양념 재료 미소된장 3큰술, 설탕 1큰술, 미림 2큰술, 요리술 1/2컵
2차 양념 재료 미소된장 2큰술, 설탕 1큰술

Recipe

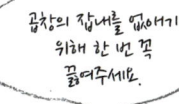
곱창의 잡내를 없애기 위해 한 번 꼭 끓여주세요.

1. 무와 당근은 0.3cm 두께로 채 썬 다음 한입 크기로 자르고, 곤약은 한입 크기로 손으로 터프하게 뜯고, 두부는 큼직하게 썰어주세요. 마늘과 생강은 저며주시고 파는 잘게 채 썰어주세요.

2. 냄비에 물을 넉넉히 넣고 삶은 돼지곱창을 10분 정도 끓인 후 곱창을 건져내주세요.

3. 찬물에 무를 넣고 5분 정도 끓인 후 건져주세요. 이렇게 미리 삶아놓으면 무에 간이 더 잘 밴답니다

4. 냄비에 참기름 1큰술을 넣고 마늘과 생강, 삶은 돼지곱창을 넣고 볶다가

5. 1차 양념 재료와 곤약, 물 400cc를 넣고 뚜껑을 덮은 후 1시간 동안 중간 불에서 뭉근히 끓여주세요. 물 양이 적어지면 중간에 조금씩 물을 넣어주세요.

6. 당근과 무, 2차 양념 재료를 넣고 30분간 중간 불에서 끓여주세요. 이때 하초우미소가 있다면 1큰술 정도 넣어주시면 좋습니다.

7. 마지막에 두부를 넣고 마무리해주세요. 싱겁다 싶으면 간장으로 간을 해주세요. 그릇에 담을 때 잘게 썬 파를 듬뿍 얹어 줘야 맛있어요!

더운 여름에 시원한
미소냉국

안 그래도 땀 뻘뻘 흘리는 여름에 국까지 너무 뜨거우면 밥 먹기가 싫어지죠. (물론 저 말고. 저는 식욕이 365일 가을같은 여자니까요.)
이럴 때 냉국을 만들어 냉장고에 차갑게 식혀서 얼음 동동 띄워 먹으면 밥이 그야말로 술술 넘어가요.
한국식 냉국처럼 식초를 넣어 새콤한 국이 아니라 가츠오 육수를 사용한 미소냉국이라 밥을 말아 먹어도 맛있어요.

冷やし汁
히야시지루

Ready >> 2인분

주재료 마른미역 1/2주먹, 오이(中) 1/2개, 깨 2큰술

양념 재료 미소된장 2큰술, 다시마가츠오 육수 300cc

Recipe

1 미역은 찬물에 불린 후 꽉 짜서 물기를 빼주세요.

2 오이는 얇게 썰어주세요.

3 깨는 알맹이가 안 보인다 싶을 정도로 빻아주세요.

4 깨를 다 빻았으면 미소된장을 넣고 콩 알맹이가 안 보이게 빻아주세요.

5 그릇에 차갑게 식힌 다시마가츠오 육수와 4의 재료를 넣고 준비한 오이와 미역을 넣은 다음 차갑게 식혀서 드세요.

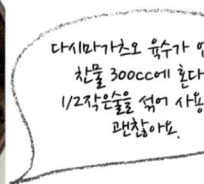

다시마가츠오 육수가 없으면 찬물 300cc에 혼다시 1/2작은술을 섞어 사용해도 괜찮아요.

미네스트로네

ミネストローネ

채소의 깊은 맛이 살아 있는
미네스트로네

미네스트로네는 이탈리아의 채소 수프예요. 일본에 와서 해 먹기 시작했는데 정말 간단한 요리이면서도 채소의 깊은 맛이 쏙 밴 국물이 진짜 괜찮아요. 저와 신랑은 육식주의자지만 이 수프 만큼은 "한 그릇 더!"를 외친답니다. 베이컨이 들어가서 그런가…? 암튼 저 같은 육식주의자들이 '난 오늘 채소 섭취 좀 해야겠어!' 할 때 이 채소 수프 강추합니다. 정말 맛있어요~

Ready » 2인분

주재료 양파(小) 1개, 양배추 1/8통, 당근(小) 1/4개, 감자(中) 1개, 베이컨 2~3장, 올리브유 1/2큰술

육수 재료 물 500cc, 콩소메 1작은술, 토마토 통조림 1/2캔

Recipe

1 양배추, 양파, 당근, 베이컨은 1cm 크기로 깍둑썰기해주세요.

2 감자는 익으면 부스러지기 쉬우니까 다른 채소보다 조금 크게 깍둑썰기한 후 찬물에 담가 전분기를 빼주세요.

3 냄비에 올리브유 1/2큰술을 두르고 딱딱한 채소 순서로 넣어 식용유와 섞일 정도로만 중간 불에서 볶아주세요. 당근 → 베이컨 → 양파 → 감자 → 양배추 순서로 넣으시면 됩니다.

4 물 500cc를 넣고 콩소메를 넣은 후 팔팔 끓어오르면 중간 불에서 10분간 더 끓여주세요. 콩소메는 생략해도 돼요.

5 통조림 토마토를 잘게 썰어 냄비에 넣고 다시 5분 정도 끓인 다음 소금으로 간을 해주세요.

> 토마토 통조림 중에 미리 썰려 있는(chopped) 종류를 사시면 다시 썰 필요가 없어 편해요.

밥요리
이것 한 그릇이면 충분해~

참치마요네즈오니기리 | 미소간장오니기리 | 카츠동 | 마구로즈케돈 | 오야코동 | 텐동 | 규동 | 부타동 | 소고기카레라이스 | 돈가스카레 | 달걀볶음밥 | 낫토볶음밥 | 해물볶음밥 | 오므라이스 | 소보로동 | 미소죽 | 명란젓오차즈케 | 광어회오차즈케

일본 드라마 보면 꼭 나오는
참치마요네즈오니기리

일본 만화나 드라마에서 나오는 김으로 싼 주먹밥을 만들어봐요.
주먹밥은 진짜 별거 없는데 왜 이렇게 맛있는지 모르겠어요.
전에는 밖에서 먹는 거라 분위기 때문에 맛있으려니 했는데
집 안에 콕 박혀 먹어도 맛있더라고요.
속 재료로는 씨를 뺀 우메보시(매실절임)나 명란젓, 연어알을 주로 넣는데
오늘은 한국에서 가장 만들기 쉬운 참치마요네즈를 넣고 만들어봤어요~
집에 소고기고추장이 있다면 그걸 넣어도 맛있답니다.

ツナマヨおにぎり

츠나마요오니기리

Ready ≫ 2인분

주재료 밥 2공기, 김 1/2장, 소금 약간
속 재료 통조림 참치 2큰술, 양파 약간, 간장 1/4작은술, 마요네즈 1/2큰술

Recipe

1 김밥용 김 1/2장을 길쭉하게 반으로 잘라주세요.

2 참치 통조림의 기름을 빼주세요. 이때 뚜껑을 따고 나서 뚜껑을 넣고 꽉 누르면 참치가 나오지도 않고 편하게 기름을 쪽 뺄 수 있어요.

3 그릇에 속 재료를 넣고 잘 섞어주세요. 양파는 잘게 썰어 넣으면 매운맛은 없으면서 참치와 마요네즈의 느끼함을 잡아줘서 꼭 넣어야 해요.

위생랩을 사용하면 모양 빚을 때 손에 밥풀이 묻지 않아 간편해요.

4 위생랩을 펼쳐놓고 소금을 집어 힘차게 뿌려주세요.

5 밥 1공기를 펴고 3의 참치와 마요네즈 섞은 걸 반 넣어주세요.

6 위생랩을 가운데로 모아주면서 동글동글하게 뭉친 다음 삼각형 모양으로 형태를 잡아주세요.

7 밥이 잘 뭉쳐졌으면 위생랩을 벗겨내고 김으로 감싸주면 완성입니다.

焼きおにぎり

야키오니기리

누룽지까지 즐길 수 있는
미소간장 오니기리

만들 때 일반 주먹밥보다 조금 더 손이 가는 구운 주먹밥(야키오니기리)예요.
손이 더 간다고 휘황찬란하게 불쇼를 해야 되는 건 아니고 한 번 굽기만 하면 됩니다요.
미소소스와 간장 소스를 발라 굽기 때문에
굳이 속 재료를 넣지 않아도 돼서 집에 온리 밥 밖에 없을 때 특히 좋아요!
주먹밥을 구울 때 나는 고소한 누룽지 스멜도 굿~
여기에 따뜻한 차를 부어 먹으면 야키오니기리 오차즈케가 완성된답니다.

Ready ≫ 2인분

주재료 밥 4공기, 만능간장 소스 2큰술
소스 재료 미소된장 1큰술, 미림 1+1/4큰술

Recipe

1 미소소스 재료는 미리 섞어주시고 만능 간장 소스도 대령해주세요.

2 손을 깨끗이 씻고 찬물에 손을 적신 후 밥 1/2공기를 덜어 두 손으로 삼각형을 만들어가며 꾹꾹 눌러주세요.

3 기름을 두르지 않은 프라이팬을 뜨겁게 달군 다음에 주먹밥의 양면을 노릇해질 때까지 구워주세요.

4 불을 끈 뒤 만능간장 소스와 1의 미소소스를 각각의 주먹밥에 발라주세요.

5 한쪽 면에 소스를 바르고 뒤집은 후 반대쪽에도 소스를 발라주세요. 이렇게 하면 프라이팬에 남아 있는 열 때문에 소스가 살짝 졸여져 더 맛있어요. 표면이 약간 끈적이기 때문에 드실 때는 젓가락을 이용하거나 랩에 싸서 드세요.

촉촉한 국물이 밴 돈가스덮밥
카츠돈

카츠돈은 국물이 있는 돈가스덮밥이에요.
돈가스의 바삭바삭함은 없지만 달걀의 부드러움과 양파의 단맛이
가츠오 국물과 함께 돈가스에 쏙 배어 있어 다른 반찬 없이 이거 하나로 밥 한 그릇 뚝딱이에요.
제가 신랑하고 연애할 때(무려 10년 전) 잘 보이려고 만들어준 돈가스덮밥을 먹고
신랑은 속으로 "맛없다!"를 외쳤다고 하더군요. -_-;;
그때는 진짜 돈가스덮밥을 제대로 먹어본 적도 없고 해서 그냥 머릿속으로
상상하면서 만들었는데… 진짜 맛없었…어요.
하지만 이 레시피는 맛있는 레시피니까 안심하고 만들어 드셔도 돼요!

カツ丼

카츠돈

Ready >> 2인분

주재료 돈가스 2장, 양파 1/2개, 달걀 2개, 밥 2공기
국물 재료 다시마가츠오 육수 150cc, 미림 4큰술, 간장 2큰술, 요리술 2큰술

Recipe

단맛은 미림의 양으로 조절해주세요. 멘쯔유가 있을 때는 물 150cc에 멘쯔유 3큰술 정도 넣어주시면 좋아요.

1

돈가스를 미리 튀겨 한입 크기로 썰어주세요. 식은 돈가스를 처리하기에 완전 좋은 메뉴이기도 해요!

2

양파를 0.5cm 두께로 채 썰어주세요.

3

냄비에 국물 재료와 채 썬 양파를 넣고 양파가 투명해질 때까지 끓여요.

4

볼에 달걀을 넣고 노른자와 흰자가 완벽하게 섞이지 않도록 힘없이 젓가락을 휙휙 두세 번 저어주세요.

5

3의 양념 국물에 돈가스를 넣고 국물이 배도록 뚜껑을 덮고 1분 정도 끓이다가,

6

뚜껑을 열고 4의 풀어놓은 달걀물을 부어주세요.

7

그런 다음 바로 뚜껑을 닫고 딱 10초만 센 후 밥 위에 국물과 함께 돈가스를 얹어주세요. 달걀을 짧은 시간 내에 익혀서 덜 익은 듯해야 더 맛있어요. 달걀이 너무 익으면 뻑뻑합니데이~

97

まぐろづけ丼

마구로즈케돈

간편하게 만들어 먹는 참치회덮밥
마구로즈케돈

덮밥은 참 편한 요리인 거 같아요.
다른 반찬 할 필요 없이 미소된장국만 곁들여주면 끝이걸랑요.
요 마구로즈케돈도 따끈한 밥 위에 간장 절임한 참치회를 얹고
김가루만 샥샥 뿌려 먹음 되니까 대박 간단해요.
김은 넣는 거랑 안 넣는 거랑 천지 차이니까 꼭 넣어주세용!
참치 뱃살을 쓰면 좋지만, 아시겠지만서도 참치 뱃살은 무지 비싸기! 때문에
고소한 식물성 기름이 가득한 아보카도를 얇게 썰어서 참치 붉은살과 함께 내면
참치 뱃살 못지않게 차진 맛이 난답니다.

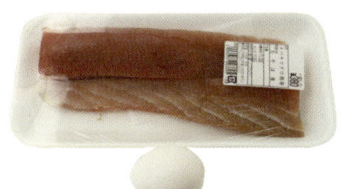

Ready ≫ 2인분

주재료 참치회 100g, 달걀 1개, 밥 2공기, 김 조금, 고추장 1작은술, 참기름 1작은술
양념 재료 간장 3큰술, 미림 1큰술

Recipe

1

참치는 한입 크기로 썰어주세요. 씹는 맛이 있게 두툼하게 썰어주세요.

2

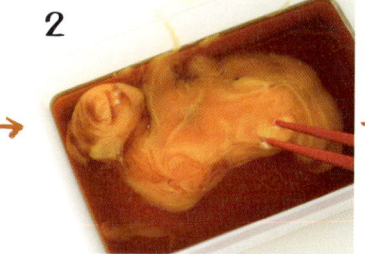

양념 재료와 달걀노른자(흰자는 안 써요)를 잘 섞어 고소한 양념을 만들어주세요.

3

참치를 2의 양념에 담가 냉장고에 10분간 넣어주세요.

4

김은 3cm 길이로 얇게 썰어주세요. 귀찮을 땐 위생비닐에 넣고 막 뿌셔뿌셔! 해도 됩니다.

5

양념 먹은 참치를 따끈한 밥 위에 얹고 남은 국물에 고추장을 풀어 참치 위에 끼얹은 후 참기름을 쓱 두르고 김을 뿌리고 와사비를 얹어 내주세요.

이렇게 고추장과 참기름을 더하면 유회덮밥 같은 느낌의 참치회덮밥을 드실 수 있답니다.

보드레하고 담백한 달걀닭고기덮밥
오야코돈

달걀과 닭고기로 만드는 보들보들 간단한 덮밥인 오야코돈을 만들어봐요.
닭고기는 부모(親, 오야)를 뜻하고 달걀은 자식(子, 코)을 뜻해서
오야코돈이라는 이름이 붙여졌대요. ㅋㅋ 넘 재밌죠.
재미있는 이름이긴 하지만 닭하고 병아리들한테는 절대 재밌지 않고
정색할 -_-;; 이름의 덮밥이에요.
암튼 다른 덮밥과 달리 튀기지 않아 칼로리는 낮고
맛은 보들보들하면서 촉촉해 밥이 막 넘어간답니다~

親子丼
오야코돈

Ready >> 2인분

주재료 닭다리살 150g, 양파(大) 1/4개, 달걀 2개, 밥 2공기, 미나리나 쑥갓 약간
양념 재료 다시마가츠오 육수 150cc, 간장 2큰술, 요리술 2큰술, 미림 4큰술

Recipe

1. 뼈 없는 닭다리살을 한입 크기로 잘라주세요.

2. 양파는 0.3cm 두께로 채 썰어주세요.

3. 냄비에 양념 재료를 넣고 간을 맞춘 다음, 닭고기와 양파를 넣고 뚜껑을 덮어 닭이 익고 양파가 투명해질 때까지 끓여주세요.

> 멘쯔유가 있다면 위의 양념 재료 필요 없이 물 200cc에 멘쯔유 2큰술만으로 양념 완성!

4. 달걀을 대충 슬슬 풀어 흰자랑 노른자가 덜 섞이게 해줘요.

5. 닭이 익었으면 풀어둔 달걀을 전체적으로 끼얹고 미나리나 쑥갓을 얹어요. 뚜껑 덮고 10초만 센 후 밥 위에 얹어주면 완성. 미나리, 쑥갓은 없으면 안 넣으셔도 돼요. 맛의 변화는 없으니까요~

天丼 텐돈

 **화려한 튀김옷을 입은 새우튀김덮밥**
텐돈

일본의 튀김덮밥 전문점에 가면
새우의 튀김옷이 굉장히 화려하기 때문에 두꺼운 거 아닌가 싶기도 한데
한입 베어 물어보면 전혀 두껍지 않고 완전 바삭바삭해요.
그래서 한 그릇에 만오천 원이 훌쩍 넘나봐요. 너무 비싼 거지.
그래서 싸게 한번 먹어보려고 집에서 열공하면서
튀김집의 화려한 튀김옷을 따라 해봤는데 성공해버렸어요! ㅎㅎㅎ
그리고 튀김덮밥 위에 뿌려 먹는 소스가 정말 중요한데 그건 만능간장 소스 하나면 충분해요!

Ready ≫ 2인분

주재료 생새우 4~6마리, 밥 2공기, 만능간장 소스 4큰술
튀김옷 재료 튀김가루 3큰술, 얼음물 5큰술

Recipe

1 새우는 꼬리만 남기고 껍질을 벗긴 다음에 내장을 빼주세요.

취향에 따라 가지, 깻잎 등 다른 재료를 준비해도 좋아요.

2 새우의 구부러진 안쪽 부분에 칼집을 넣어 새우가 등을 꼿꼿이 세울 수 있게 해주세요. 이렇게 해서 튀겨야 식당에서 보는 빳빳한 새우 모양이 만들어져요.

3 새우에 튀김가루를 먼저 골고루 묻힌 후 튀김옷 재료를 섞어 만든 반죽에 꼬리를 잡고 잠수시켰다가,

튀김옷 반죽을 젓가락으로 떨어뜨리고 바로 새우를 움직여야지 튀김옷이 잘 붙어요.

4 180℃(튀김젓가락을 넣었을 때 거품이 빠글빠글 올라오는 정도) 기름에 새우를 넣어주세요. 이때 중요한 스킬! 젓가락으로 튀김옷 반죽을 덜어 기름에 몇 번 떨어뜨리면 반죽이 막 퍼지는데 새우를 움직여서 이걸 붙여주세요.

5 4의 스킬을 사용하면 요로코롬 화려한 튀김옷을 입은 새우를 만들 수 있어요.

6 그릇에 밥을 담고 만능간장 소스 1큰술을 먼저 뿌린 후 튀김을 얹고 다시 만능간장 소스 1큰술을 뿌려주면 완성!

규돈
달짝지근하고 부드러운 소고기덮밥

일본에는 저렴하고 빨리 나오는 규돈 전문점이 우리나라 김밥헤븐처럼 많아요.
제일 유명한 곳이 '요시노야(吉野家)'와 '스끼야(すき家)'인데
요시노야는 맛이 정말 좋지만 미국산 소고기를 사용하고,
스끼야는 호주산 소고기를 사용해 좋지만 고기의 누린내가 살짝 나서
과연 둘 중에 어디서 사 먹어야 하느냐며 고민 백 번 때리다가
결국 집에서 해 먹어요. -_-;
안전한 재료로 더 저렴하고 맛있게 요리할 수 있으니까요.
만드는 법도 무지 간단해서 자주 해 먹는 요리이기도 해요.

규돈
牛丼

Ready ≫ 2인분

주재료 소고기 얇게 썬 것 150~200g, 파 1/4개, 양파 1/4개, 밥 2공기
양념 재료 물 150cc, 요리술 1+1/2큰술, 미림 1+1/2큰술, 설탕 1+1/2큰술, 간장 2큰술

양념을 섞을 때 설탕은 마지막에 넣으면서 입맛에 맞게 단맛을 조절해주세요. 짠맛 조절은 개인 단계에서 간장으로 해주세요.

1 파는 어슷하게 썰어주세요. 흰 부분, 파란 부분 아무 데나 다 쓰셔도 돼요.

2 양파는 끓이면 흐물흐물해지기 때문에 조금 두껍게 채 썰어주세요.

3 냄비에 양념 재료를 담은 후 센 불에 끓이다가 확 끓어오르면,

4 얇게 썬 소고기를 투하한 다음 뚜껑을 연 채 끓여주세요. 불은 센 불로! 이때 고기의 누린내가 요리술과 함께 날아갈 수 있도록 뚜껑은 열어주세요.

5 고기가 갈색으로 변하면 중간 불로 줄여서 위에 뜬 거품을 없애주세요. 거품이 있어도 나쁠 건 없는데 좀 텁텁한 맛이 날 수 있거든요.

6 양파를 넣고 뚜껑을 덮은 다음 중간 불로 양파가 투명해질 때까지 끓여주세요.

7 파를 넣고 뚜껑 덮고 중간 불로 2~3분 정도 더 끓여주세요. 그런 다음 그릇에 밥을 담고 그 위에 국물을 1국자 정도 뿌린 후 고기를 담으면 달짝지근한 양념이 밥에 스며들어 더 맛있답니다.

豚丼 부타돈

숯불 향이 솔솔 나는 돼지고기덮밥
부타돈

홋카이도에서 먹어본 돼지고기덮밥이에요.
늦은 아침밥으로 먹었는데(전 아침부터 고기 먹는 여자니까요) 제 잠을 확 깨워주는 맛이었세요.
돼지고기덮밥은 보통 간장 양념에 재운 돼지고기를 숯불에 구워 사용하지만
집에서는 숯불 피우기가 번잡한 관계로
간단히 생선 굽는 그릴에 구우면 숯불에 구운 거랑 대충 비슷한 맛이 난답니다.
직화구이라 불 냄새가 고기에 배고 기름이 쪽 빠져서 담백하고 쫄깃한 식감이 살고
달짝지근한 간장 양념이 또 밥을 막 목구멍으로 막 끌어당기죠.

Ready >> 2인분

주재료 돼지고기 삼겹살 200g, 파 1개, 물 5큰술, 밥 2공기
양념 재료 간장 4큰술, 요리술 2큰술, 미림 2큰술, 설탕 1큰술, 후추 약간

Recipe

1 양념 재료를 그릇에 담고 설탕이 다 녹도록 잘 저어주세요.

2 삼겹살을 4~5cm 길이로 자른 후 양념 재료에 30분 이상 재워주세요. 담백한 맛을 원한다면 기름 없는 목살이나 등심 부위를 사용하세요.

3 파를 길게 채 썬 후 찬물에 담갔다가 키친타월에 올려 물기를 꽉 짜주세요. 너무 생생한 파를 먹는 게 부담스럽다 하시면 파에 참기름 1작은술과 소금을 약간 뿌려 잘 섞어주세요. 이렇게 하면 파가 적당히 숨이 죽어요.

4 그릴에 돼지고기를 넣고 생선을 구울 때처럼 아래에 물을 조금 넣고 중간 불에서 6분간 구워주세요. 타지 않게 잘 감시해주세요.

5 돼지고기를 재운 양념을 냄비에 넣고 물 5큰술을 넣고 팔팔 끓여주세요. 끓어오르면 밥 위에 뿌려준 다음 구운 돼지고기와 파 채를 얹고 양념을 한 번 더 뿌려주시면 완성!

107

牛肉カレーライス

규니쿠카레라이스

기운 없을 때 먹는
소고기카레라이스

한국의 노란 카레에 익숙하던 저, 일본에 와서 갈색 카레를 보고 깜놀! 먹고는 더 깜놀!
일본 카레는 진하고 깊은 맛이 있어서 한국사람 입맛에도 완전 짝짝 붙어요.
특히 일본 카레루는 육수와 함께 양파를 볶아 깊은 맛을 낸 카레라서
따로 육수를 내지 않고 끓는 물에 풍당 넣으면 게임 끝이라 아주 간단해요.
요샌 한국에서도 마트 가면 일본 카레루를 팔더라고요.
매운맛, 중간 맛, 순한 맛이 있지만 한국인에게는 전혀 맵지 않은 매운맛이라는 거.
이 레시피로 고기만 바꾸면 치킨카레, 돼지고기카레가 된답니다.

Ready » 6인분

주재료 소고기 250g, 당근(大) 2/3개, 양파(大) 1개, 감자(中) 2개, 물 700cc, 카레루 6조각, 식용유 약간, 밥 6공기

Recipe

1 소고기는 한입 크기로 썰어 찬물에 10분 정도 담가 핏기를 빼주세요. 귀찮으면 생략해도 돼요.

2 당근과 양파, 감자도 한입 크기로 썰어 준비해주세요.

3 압력솥에 물과 손질한 고기를 넣은 후 10분간 끓여주세요. 압력솥에 끓이면 단시간에 고기가 야들야들해져서 좋아요. 압력솥이 없을 땐 그냥 냄비에 끓여도 돼요.

4 고기가 익는 동안 프라이팬에 식용유 1작은술을 두르고 양파를 약한 불에서 갈색빛이 돌 정도로 볶아주세요. 이렇게 볶아 넣으면 카레에서 더 깊은 맛이 나요.

5 고기가 다 익으면 감자, 당근, 양파를 넣고 압력솥의 뚜껑을 연 채로 중간 불에서 10분간 끓여주세요. 고기랑 채소를 처음부터 같이 넣고 끓이면 채소들이 흔적도 없어집니다요. 매운맛을 원하면 마른 고추를 조금 넣어주셔도 좋아요.

6 약한 불로 바꾼 후 카레루를 조각 내 넣어주세요.

7 카레루를 넣고 조금만 기다리면 애들이 서서히 녹아요. 가볍게 휘저어주시면 완성입니다.

카레는 만들고 바로 먹는 것보다 식힌 후 다시 데워 먹으면 채소와 고기에 카레가 쏙 배어 더 맛있어요. 그래서 아침에 먹는 카레가 더 맛나다는 거!

Tip

압력솥에 고기 삶기

압력솥에 물과 고기를 넣고(압력솥의 2/3 이상 넣지 마세요) 뚜껑을 꼭 닫은 후 센 불에 끓여요. 칙칙폭폭 소리가 나면 약한 불로 바꾼 후 10분간 더 끓이다 불을 끄고 안에 압력이 다 빠질 때까지 기다린 후에 뚜껑을 열어주세요.

반찬 없어도 술술 넘어갑니다~
돈가스카레

카레는 정말 맛있어요. 돈가스도 정말 맛있어요.
고로 이 두 가지를 같이 먹으면 환장하게 맛있죠.
금방 튀긴 바삭바삭한 돈가스를 카레에 푹 찍어 먹으면
다른 반찬 없이도 한 끼 맛있게 먹을 수 있어서 요리하는 사람은 굉장히 편하답니다.
돈가스의 식감을 방해하지 않기 위해 카레의 채소를 잘게 썰어 넣는 것이 포인트.
이렇게 하면 만드는 시간도 단축되고 채소 싫어하는 어린이나 초딩 입맛의 어른들도 좋아한다는 거~

カツカレー

카츠카레

Ready >> 6인분

주재료 당근 1개, 피망 1개, 양파(大) 1개, 버섯 2주먹, 물 700cc, 카레루 6조각, 돈가스 6장, 밥 6공기, 식용유 적당량

Recipe

1 당근, 피망, 양파, 버섯을 잘게 썰어주세요. 양파, 당근은 필수! 애호박이나 가지 등 집에 있는 채소 아무거나 더 넣어주셔도 좋아요.

2 프라이팬에 식용유 1/2큰술을 두르고 준비한 채소를 잘 볶아주세요. 돈가스를 얹을 거니까 따로 고기는 넣지 않아요.

3 요기에 물 700cc를 넣고 뚜껑을 덮은 후 딱 10분만 끓여주세요. 채소를 잘게 썰어서 금방 익기 때문에 오래 안 끓여도 된답니다.

4 카레루 6조각을 넣고 약한 불로 녹을 때까지 뭉근히 끓여주세요.

돈가스 외에 닭튀김이나 해물을 볶아 얹어 드셔도 맛있거든요~

5 돈가스를 170℃ 기름에 바삭하게 튀긴 후 한입 크기로 잘라주세요. 밥 위에 카레를 뿌리고 그 위에 튀긴 돈가스를 얹어 내면 끝.

チャーハン 차항

밥 한알한알 탱글탱글한
달걀볶음밥

홍콩 여행 갔을 때 볶음밥 먹고 너무 감동해서 진짜 홍콩에서 살고 싶었어요.
집에서 만드는 차항은 쌀의 종류, 불의 세기가 달라서 그런지
만들고 나면 끈적임이 생겨버리고 마는데
탱글탱글하고 밥알이 살아 있는 볶음밥을 만드는 초간단 방법을 알아냈어요!
밥알이 한알한알 살아 있어서 먹다가 막 코로 튀어나올라… 하진 않아욤.
이건 기본 볶음밥이고요, 더 맛있게 먹고 싶다면 해물이나 햄 등을 첨가해주세요.

Ready >> 2인분

주재료 찬밥 2공기, 달걀 2개, 파 1/2개, 면쯔유 1/2큰술, 소금·후추 약간씩, 식용유 적당량

Recipe

1. 달걀 1개를 풀어 찬밥과 골고루 섞어주세요. 달걀을 미리 섞어놓으면 밥알에 달걀 코팅이 입혀져 밥알이 탱글탱글해져요. 이때 찬밥을 써야 전분기가 적어 끈적이지 않아요.

2. 뜨거운 프라이팬에 식용유 2큰술을 두르고 달걀 1개를 톡 터뜨려줘요. 하지만 요렇게 냅두면 그냥 달걀프라이가 되니까,

3. 뒤집개를 이용해 미친 듯이 섞어 스크램블드에그 상태로 만들어줘요.

> 센 불에서 볶아주세요. 그래야 밥알의 기름 코팅과 함께 밥알의 겉면의 수분이 날아가면서 밥알이 살아 있거든요.

4. 1의 달걀 머금은 밥을 넣고 뒤집개를 이용해 계속 쉐끼쉐끼 볶아줘요.

5. 계속 섞다 보면 밥알이 서로 왕따를 시켜 따로따로 노는 상태가 돼요.

6. 이제 잘게 썬 파를 넣어주세요. 막 섞다 보면 파의 향이 구수하게 올라와요. 그럼 중간 불로 바꾸고 소금, 후추로 간을 해요.

7. 차항의 구수한 향을 살리기 위해 면쯔유를 살짝 뿌려 섞은 다음 불을 꺼주세요.

納豆チャーハン

낫토차항

구수한 향이 가득한
낫토볶음밥

일본에서 낫토는 건강식품이면서 대중화된 반찬이지만
끈적거림 때문에 싫어하는 일본인도 간혹 있어요.
저도 처음에 낫토를 먹었을 때 주욱 늘어나는 실 때문에
누에처럼 느껴져서 잘 안 먹게 되더라고요.
그러던 어느 날 시아버지가 주말 아침에 낫토볶음밥을 만들어주셨는데
낫토의 구수한 맛은 살아 있으면서 끈적임이 없어 그때부터 낫토를 사랑하게 되었어요.
청국장의 매력처럼 낫토도 한번 푹 빠지면 헤어날 수 없는 구수한 매력을 가지고 있다는 거~

🍎 **Ready** >> **2인분**

주재료 파 1/3개, 차슈 또는 햄 넣고 싶은 만큼, 달걀 2개, 낫토(大) 1팩, 식용유 약간, 찬밥 2공기, 소금·후추 약간씩, 면쯔유 1큰술

Recipe 🍴

1

파는 얇게 동글동글 썰고,

2

차슈도 잘게 썰어주세요. 소시지, 햄, 베이컨 등으로 대체해도 돼요.

3

달걀을 풀어 낫토와 섞어주세요. 이렇게 하면 달걀 코팅이 돼서 낫토의 끈적임을 철벽수비 해줘요.

4

뜨겁게 달군 프라이팬에 식용유 1+1/2큰술을 넣고 3의 낫토랑 달걀 섞은 것을 넣어주세요.

5

달걀이 뭉쳐지면서 반숙 상태가 되면,

6

찬밥을 넣고 소금과 후추를 약간 넣은 다음 달걀이 밥과 잘 섞이게 볶아주세요. 이때 소금은 처음에는 좀 모자란 듯 넣고 마무리 단계에서 다시 간을 맞춰주세요.

7

달걀과 밥이 잘 섞였으면 중간 불로 바꾼 뒤 파와 차슈, 면쯔유를 넣고 잘 섞어주세요. 이때 간을 봐서 좀 싱겁다 싶으면 소금을 더 넣어주세요.

해물볶음밥

해산물이 통통하게 씹히는

전 해산물 완전 좋아해요.
해산물을 큼직큼직하게 썰어 밥하고 볶으면 너무 맛있죠.
중식당에서 해물볶음밥을 시켰더니 양상추도 함께 볶아져 나오길래
처음엔 '웬 불청객이여' 했는데 살짝 볶은 양상추가 해산물과 정말 잘 어울리더라고요.
그 후론 저도 꼭꼭 넣어주고 있답니다.
매콤하게 드시고 싶으실 땐 라유소스를 뿌려 먹으면 무지 맛나요!

海鮮チャーハン 카이센차항

Ready >> 2인분

주재료 양상추 1/4개, 새우 5마리, 오징어 1마리, 달걀볶음밥 2인분, 굴소스 1큰술, 소금·후추 약간씩, 식용유 적당량

Recipe

1. 양상추는 한입 크기로 썰어주세요.

2. 오징어는 지느러미를 잡고 껍질과 함께 당긴 다음에,

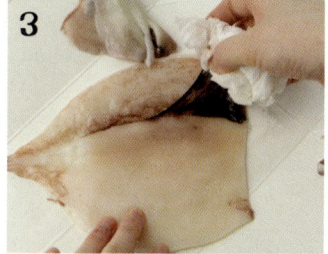

3. 남은 껍질은 키친타월로 잡고 살살 당겨주면 쉽게 벗길 수 있어요.

4. 오징어 안쪽에 칼을 눕혀 칼집을 넣고 한입 크기로 썰어주세요. 새우는 껍질을 벗겨 내장을 빼낸 다음 한입 크기로 썰어주세요.

5. 기본 볶음밥을 2인분 미리 만들어(112쪽 '달걀볶음밥' 레시피 참조) 접시에 따로 담고,

6. 뜨겁게 달군 프라이팬에 식용유 1큰술을 두른 다음 손질해놓은 오징어와 새우를 익을 때까지 볶아주세요.

7. 여기에 5의 볶음밥을 넣고 볶으면서 굴소스를 넣고 소금, 후추로 간을 해요. 마지막에 양상추를 넣고 가볍게 볶아주시면 완성!

オムライス 오므라이스

보들보들 촉촉한
오므라이스

일본식 오므라이스의 생명은 역시 보들보들한 반숙 달걀인 거 같아요.
보들보들한 달걀하고 치킨라이스를 한 숟가락 푹 퍼서
데미그라스소스에 묻혀 먹으면 어흐흐~ 웃음이 절로 나와요!
딱히 고급 재료를 쓰는 것도 아닌데 왜 이렇게 맛있는지 원. 저희 신랑도 엄청 좋아하는 음식이에요.
연애 초기에 일본식 오므라이스는 모른 채 기냥 얇은 달걀지단에 밥 돌돌 감싸줬더니
"이거슨 오므라이스가 아니여~" 라고 울면서
그릇을 싹 비우던 신랑의 모습이 생각나네요.

Ready >> 2인분

주재료 닭고기 50g, 버섯 적당량, 양파 1/5개, 케첩 6큰술, 밥 2공기, 달걀 4개, 소금·후추 약간씩, 데미그라스소스 가루 적당량, 물 8큰술, 식용유 적당량

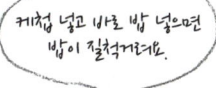

1. 데미그라스소스 가루를 물에 개어서 약한 불에 끓여 살짝 걸쭉한 농도로 만들어 주세요.

2. 닭고기와 버섯은 한입 크기로 썰고, 양파는 잘게 썰어주세요. 연근, 피망 등을 넣어주셔도 좋고 닭고기 대신 햄을 이용하셔도 돼요.

3. 달군 프라이팬에 식용유 1큰술을 두르고 닭고기를 넣고 볶다가 다 익어가면 버섯과 양파를 넣고 소금, 후추를 넣고 계속 볶아요.

> 케첩 넣고 바로 밥 넣으면 밥이 질척거려요.

4. 케첩을 넣고 중간 불에서 어느 정도 수분이 날아가게 볶은 뒤 밥을 넣고 볶아 접시에 담아주세요.

5. 달걀과 물 8큰술(또는 우유)을 넣고 잘 풀어준 다음,

6. 뜨겁게 달군 프라이팬에 식용유 1큰술을 두르고 준비한 달걀물의 반만 넣고(1인분씩 만들 거니까요) 기포가 올라오면 젓가락으로 휘저어 몽글몽글 뭉치게 만들면서 모양을 잡아주세요.

7. 달걀이 반숙 상태가 되면 바로 볶음밥 위에 얹고 따뜻한 데미그라스소스를 뿌려주세요.

소보로돈

두 가지 맛을 즐기는

소보로돈은 닭과 달걀을 양념한 후 곱게 볶아서 밥 위에 얹어 먹는 요리예요. 생선으로도 만들긴 하는데 닭이랑 달걀이 젤 맛나서 전 얘를 애용합니다. 이거 하나만 먹기에는 단맛이 좀 강해서 다른 반찬과 함께 먹을 때 더 맛있는 덮밥이에요.
기름을 사용하지 않고 닭고기에서 나오는 기름만으로 볶기 때문에 도시락에 넣어줘도 기름이 굳거나 하지 않아 식어도 맛있어요.

Ready >> 2인분

주재료 닭고기 200g, 달걀 2개, 밥 2공기, 식용유 약간, 밥 2공기
닭고기 양념 재료 설탕 2큰술, 미림 1큰술, 요리술 1큰술, 간장 4큰술
달걀 양념 재료 설탕 1/2큰술, 미림 1큰술, 요리술 1큰술, 간장 1/2작은술

Recipe

1 닭고기는 푸드프로세서에 곱게 갈아서 닭고기 양념 재료와 잘 섞어줍니다.

2 중간 불의 프라이팬에(기름은 생략) 양념한 닭고기를 넣고 뭉치지 않게 잘 풀어가며 국물이 자작해질 때까지 볶아주세요.

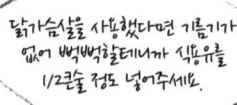

닭가슴살을 사용했다면 기름기가 없어 뻑뻑할테니까 식용유를 1/2큰술 정도 넣어주세요.

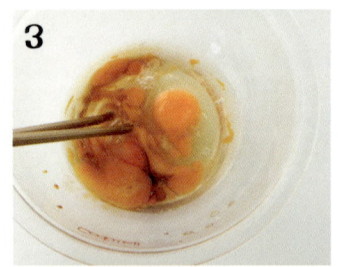

3 이제 달걀소보로를 만들 차례예요. 달걀 2개와 달걀 양념 재료를 넣고 잘 풀어준 다음,

4 달군 프라이팬에 식용유 1작은술을 두르고 3의 달걀물을 넣어 젓가락으로 계속 저어가며 볶아주세요. 밥 위에 볶은 닭고기와 달걀을 예쁘게 담아내면 완성.

달걀을 처음에 볶을 땐 뭉쳐 있지만 수분이 날아갈 때까지 젓가락으로 풀어가며 볶으면 입자가 작아져요.

아플 때 식욕을 돋워주는
미소죽

제가 위가 아파 밥을 제대로 못 먹을 때 신랑이 만들어줬던 죽이에요. 위가 너무 아파서 도통 먹지를 못했는데 이 죽은 맛있어서 한 그릇 다 해치우고 "한 그릇 더!"를 외쳤더랬어요. 달랑 미소된장이랑 파, 달걀만 넣은 건데 파의 향과 미소의 고소함, 그리고 달걀의 부드러움이 합쳐져 없던 식욕도 막 솟구치게 해요. 이거 먹으려고 신랑 앞에서 아픈 척 한 게 한두 번이 아니라는…. 요샌 안 속길래 먹고 싶을 때 그냥 스스로 해 먹는 스스로 어린이가 되었세요!

Ready » 2인분

주재료 밥 1공기, 물 600cc, 파 1개, 달걀 2개

양념 재료 미소된장 1큰술, 소금 약간

Recipe

> 밥 1공기만 넣어도 물에 불기 때문에 둘이서 먹기 충분해요. 찬밥을 이용하셔도 돼요.

1 냄비에 물과 밥을 넣고 중간 불에서 보글보글 끓여주세요.

2 밥 끓이는 동안 파를 잘게 썰어주시고,

3 달걀은 미리 풀어주세요.

4 밥알이 부드러워지면 미소된장을 푼 다음 파 넣고 소금으로 간을 해요. 불은 계속 중간 불을 유지해주세요.

5 풀어놓은 달걀을 넣자마자 주걱으로 원을 그리며 미친 듯이 섞어주세요. 약한 불에서 2분 정도 끓인 후 그릇에 담아주시면 완성!

> 달걀의 씹는 맛을 원하면 달걀을 넣고 대충대충 슬슬 저어주시면 돼요.

🏠 입맛 없을 때 후루룩
명란젓오차즈케

오차즈케는 일본의 매실장아찌(우메보시)나 김, 짭조름한 젓갈 등을 밥 위에 얹은 후 따끈한 녹차나 육수를 부어 후루룩 먹는 요리예요.
한마디로 물에 밥말아 먹는 거죠잉~
다른 반찬도 필요 없고 입맛 없을 때 후루룩 먹기 편한 음식이지만 요새는 위에 올리는 재료에 따라 완전 고급스러운 오차즈케도 있어요. 맨날 고급스러운 오차즈케를 먹기엔 내 통장은 안 고급이므로 집에 있는 명란젓으로 혼자 있을 때 먹기 좋은 놈으로 만들어볼게요~

타라코오차즈케

Ready ≫ 2인분

주재료 명란젓 1/2덩이, 김 1/2장, 참기름 1/2작은술, 소금 약간, 녹차 200cc, 밥 2공기

Recipe 🍴

위생비닐에 넣고 부수면 주변이 깨끗!

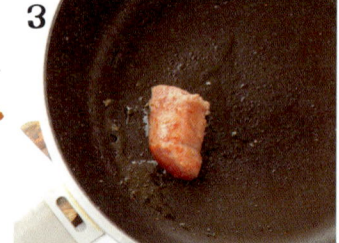

1 프라이팬을 기름 두르지 말고 달군 다음 조미되지 않은 김을 살짝 구워주세요.

2 구운 김은 채 썰거나 손으로 뜯어주세요.

3 프라이팬에 참기름을 살짝 두르고 명란젓을 슬슬 굴려가며 구워주세요. 그대로 써도 되지만 참기름에 구우면 향이 더 좋아져요.

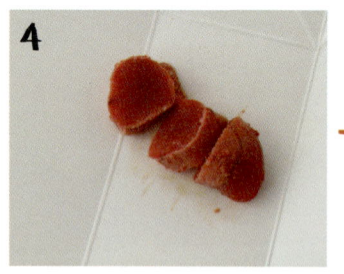

4 구운 명란젓은 먹기 좋은 크기로 썰어주세요.

5 그릇에 밥 얹고 김 얹고 명란젓 얹고 소금 약간 뿌린 후 따뜻하게 데운 녹차를 부어 드시면 돼요.

히라메오차즈케

남은 회도 맛나게 먹자!
광어회 오차즈케

회 떠서 집에서 먹고 나서 몇 조각 남았을 때 만들어 먹는 오차즈케입니다. 오차즈케를 만들기 위해 광어회를 사는 그런 사치 따위 부리지 않아요. 따뜻한 가츠오 육수를 양념한 회 위에 부으면 겉면이 익으면서 부드러운 맛이 나서 회랑은 또 다른 맛을 즐길 수 있어요. 보통 오차즈케는 따뜻한 녹차를 이용하지만 생선회를 올리는 오차즈케에는 가츠오 육수가 더 잘 어울려요.

Ready >> 2인분

주재료 광어회 6~8조각, 파 약간, 김 1/4장, 밥 2공기

양념 재료 술 2큰술, 미림 1큰술, 간장 2큰술, 깨 1큰술, 와사비 약간

국물 재료 다시마가츠오 육수 400cc, 간장 2작은술, 미림 2작은술, 소금 약간

Recipe

1 깨는 손으로 으깨서 양념 재료와 섞고 와사비는 취향대로 풀어 넣어주세요.

2 양념에 광어회를 10분 정도 절여주세요. 흰살 생선회라면 아무거나 괜찮아요.

3 파는 잘게 송송 썰고 김은 가위를 이용해 2~3cm 길이로 얇게 잘라주세요.

먹기 직전에 국물을 부어야 밥이 붇지 않아요~

4 국물 재료를 섞어 국물을 만들어주세요. 밥 위에 절인 광어회를 얹고 뜨겁게 데운 국물을 붓고 파와 김을 뿌려주면 완성.

4 면 요리
밥보다도 당기는

카레우동 | 야키우동 | 나베우동 | 모리소바 | 해물야키소바 | 소스야키소바
| 튀김메밀소바 | 고기메밀소바 | 미소라멘 | 냉라멘 | 냉소면 | 명란젓스파
게티 | 페페론치노 | 나폴리탄

カレーうどん 카레우동

가츠오 육수로 깔끔하게 만드는
카레우동

비가 추적추적 내리는 날에는 전 카레우동이 너무 당겨요.
카레엔 밥이 최고지만 비 오는 날에는 우동도 참 잘 어울리더라고요.
가츠오 육수를 사용해 더 깔끔하고 개운한 국물에 쫄깃한 우동면을 한 그릇 말아
비가 내리는 창가에서 분위기 있게 흡입하고 싶네요.
근데 카레 드실 때 하얀 옷 입고 드시면 갈색의 도트 무늬도 만들 수도 있다는 거.
카레 국물이 튀지 않도록 조심히 흡입해주소서!

Ready ≫ 2인분

주재료 우동면 2인분, 파 1/2개, 소고기 얇게 썬 것 100g
국물 재료 다시마가츠오 육수 700cc, 카레루 2~3조각

Recipe

소고기가 뭉쳐 있는 채로 뜨거운 물에 넣으면 익는 데 시간도 오래 걸리고 고기도 질겨져요.

1 파는 어슷하게 썰어주세요.

2 냄비에 다시마가츠오 육수를 넣고 끓인 후 얇게 썬 소고기를 샤브샤브 익히듯이 젓가락으로 흔들면서 넣어주세요.

3 맛이 텁텁해지지 않도록 고기 끓일 때 거품은 걷어내주세요.

4 고기가 적당히 익으면 약한 불로 바꾼 뒤 카레루를 넣어주세요. 보통 카레보다 묽게 만든다는 거 기억하세요. 싱거울 때는 면쯔유를 조금 넣어주세요.

5 우동 생면(냉동 우동도 괜찮아요)은 뜨거운 물에 데친 후 물기를 빼주세요. 마른 우동면을 써도 되는데 그때는 보통 삶는 시간보다 2분 정도 빨리 건져내주세요.

6 4의 카레에 준비한 우동면과 파를 넣고 약한 불에 2분 정도 끓인 후 그릇에 담아 주시면 완성!

焼きうどん 야키우동

쫄깃쫄깃한 면발의 볶음우동
야키우동

전 면 종류는 다 사랑하지만 특히 우동의 차진 쫄깃함이 정말 좋아요.
국물과 함께 먹는 면발도 좋지만 볶아주면 특유의 쫄깃함이 살아나 더 맛있죠.
두세 입 밖에 안 먹은 거 같은데 어느새 접시는 비어 있어요.
양념도 면쯔유 하나면 되니까 만들기도 엄청 간단해요.
뜨거운 야키우동 위에 바로 가츠오부시를 뿌리면 가츠오부시 댄스도 보실 수 있습니다.

Ready >> 2인분

주재료 우동 생면 2인분, 돼지고기 50g, 양배추잎 3~4장, 피망 1개, 양파(中) 1/4개, 당근 조금, 가츠오부시 1주먹, 식용유 적당량

양념 재료 멘쯔유 1+1/2큰술, 소금·후추 약간씩

Recipe

집에 있는 채소 아무거나 막 넣으셔도 돼요.

1 양배추, 피망, 양파, 당근, 돼지고기를 1~2cm 두께로 썰어주세요.

2 우동 생면을 봉지에서 꺼내 체에 밭쳐 놓고 뜨거운 물을 부어주세요. 이렇게 하면 우동 생면 특유의 시큼한 맛이 흘러내려 가고 볶을 때 면발이 잘 풀어진답니다.

3 프라이팬에 식용유 1큰술을 두르고 딱딱한 채소류와 고기를 먼저 센 불에서 볶아주세요.

4 고기가 익으면 양배추를 넣어 볶으면서 소금, 후추를 약간 뿌려 밑간을 해주세요.

5 양배추가 야들야들해지면 중간 불로 바꾸고 2의 면을 넣어 채소와 잘 섞어주세요.

6 멘쯔유를 넣고 면에 색이 잘 배도록 볶아준 다음 접시에 옮겨 담고 가츠오부시를 뿌려주면 완성.

鍋焼きうどん
나베야키우동

몸속까지 따뜻해지는
나베우동

추운 겨울에는 밖에서 칼바람으로 뺨 몇 대 맞고 오면
몸속까지 꽁꽁 언 것같이 너무 춥죠.
이때 우동을 끓여서 먹으면 속까지 따뜻해지면서 금세 노곤해져요.
특히 나베에 끓여 먹으면 다 먹을 때까지 온기가 남아 있어서
먹으면 먹을수록 더 당기는 신비의 힘을 느낄 수 있어요.
여기에 김치를 얹어 먹음 칼칼한 맛을 즐길 수 있어요, 어묵이나 튀김을 얹어 먹어도 굿!
유부는 꼭 넣어줘야 해요. 국물이 쏙 밴 유부는 우동의 꽃이니까요!

Ready >> 2인분

주재료 우동 생면 2인분, 달걀 2개, 유부 1장, 파 적당량
국물 재료 다시마가츠오 육수 600cc, 간장 4큰술, 미림 3큰술

Recipe

1 유부는 한입 크기로 썰고 파는 어슷하게 썰어주세요.

2 우동 생면은 체에 담아놓고 뜨거운 물을 확 부어서 데쳐주세요. 냉동 우동면도 같은 방법으로 데치면 돼요. 건면을 쓸 때는 한 번 삶아주는데 이때는 5분 정도 빨리 건져주세요.

3 나베에 국물 재료를 넣은 후 간을 본 다음에,

4 불을 켜고 2의 우동면을 투하해주세요. 그런 다음 면 위에 얹고 싶은 재료를 달걀만 빼고 다 얹어주세요.

5 국물이 팔팔 끓어오르면 달걀을 톡 터뜨려 넣고 약한 불로 바꾼 뒤 뚜껑을 덮고 20~30초 후에 바로 불에서 내려 후후 불면서 드시면 됩니다.

여름 겨울 가릴 것 없이 언제나 맛나는 메밀국수
모리소바

전 시원한 메밀국수를 좋아해서 여름에는 물론 겨울에도 틈만 나면 살얼음 띄워 만들어 먹고 있어요. 시원한 메밀국수에 갓 튀긴 따끈따끈한 튀김을 곁들여 먹을 수 있다면 정말 내 영혼이라도 팔고 싶다는 마음이 울컥. -_-;;(참 저렴한 영혼) 메밀국수 사 먹으면 5천원은 줘야 하는데 이렇게 집에서 만들어 먹으면 돈도 절약되고 맛도 기막히게 좋다는 거! 해보세요!

모리소바

Ready » 2인분

주재료 메밀국수 2인분, 김 1/2장, 파 적당량, 무 3cm 1도막, 와사비 적당량
국물 재료 다시마가츠오 육수 200cc, 미림 50cc, 간장 50cc

Recipe

멘쯔유가 있을 땐 찬물 300cc에 멘쯔유 4+1/2큰술을 넣어주면 국물 완성!

1. 냄비에 미림을 넣고 팔팔 끓어오르면 다시마가츠오 육수와 간장을 넣고 불을 끈 뒤 차갑게 식혀주세요. 여름엔 살얼음이 생길 정도로 얼려주시면 더 좋아요.

2. 김은 가위로 얇게 자르고 파도 얇게 채 썰고,

3. 무는 강판에 간 다음 손으로 물기를 쪽 빼주세요.

4. 갈아놓은 무와 채 썬 파, 그리고 와사비를 그릇에 준비해주세요.

5. 메밀국수를 삶아 찬물에 잘 헹군 뒤 물기를 쪽 빼고 그릇에 담아 위에 채 썬 김을 뿌려주세요. 차갑게 준비한 1의 국물을 그릇에 담고 4의 재료와 함께 내면 완성!

바삭한 면 위에 부드러운 해물 소스
해물야키소바

튀긴 소바 위에 부드럽고 따끈따끈한 해물간장 소스를 얹으면
소스 닿은 부분은 면이 야들야들해지고 닿지 않은 부분은 바삭바삭해서
두 가지 식감을 즐길 수 있어요.
면을 완전 바삭바삭하게 하고 싶다면 면을 오랫동안 튀겨서 수분을 쫙 빼주면 되는데
틀니를 부르는 부실한 이를 가진 저는 면을 겉만 살짝 튀겨줬어요.
이러나 저러나 맛있으니까 원하는 스타일대로 만들어 드세요~

あんかけかた焼きそば

앙카케카타야키소바

Ready >> 2인분

주재료 야키소바면 2인분, 냉동 해물믹스 2주먹, 양파(中) 1/4개, 파 약간, 당근 약간, 소금 약간, 배춧잎 2~3장, 참기름 1작은술, 식용유 적당량
소스 재료 물 250cc, 닭육수가루 1/2큰술, 간장 1+1/2큰술
녹말물 재료 물 1큰술, 녹말가루 1큰술

Recipe

1 당근은 한입 크기로 얇게 썰고 파는 송송 썰고 양파는 한입 크기로 깍둑썰기해주세요. 피망, 아스파라거스, 버섯 등을 넣으셔도 맛나요.

2 배춧잎은 칼을 살짝 눕혀서 저미듯이 한입 크기로 잘라주세요.

3 프라이팬에 식용유 1큰술을 넣고 약한 불로 파를 먼저 볶아 향을 낸 후 딱딱한 재료인 당근과 양파를 넣고 센 불로 볶아주세요.

4 양파가 투명해지기 시작하면 물에 살짝 헹군 냉동 해물믹스를 넣고 후딱 볶아주세요.

5 배추를 넣고 바로 물을 넣은 다음 소스 재료를 분량대로 투하합니다. 닭육수가루가 없을 때는 물 대신 육수를 사용하시는 게 좋아요. 육수 만들기 귀찮을 땐 굴소스를 넣어주시는 것도 방법!

6 배추가 흐물흐물해질 때까지 끓인 후 약한 불로 바꿔 소금으로 간하고 마지막에 녹말물을 넣으면서 휘젓다가 불 끄고 참기름을 넣으면 소스 완성! 녹말물을 넣을 때 금방 휘젓지 않으면 소스가 떡이 되니까 주의하세요.

7 프라이팬에 식용유를 넉넉히 두르고 야키소바면을 넣어 갈색이 돌 때까지 양면을 굽는 느낌으로 중간 불에서 튀겨주세요. 그런 다음 튀긴 면을 접시에 담고 6에서 완성한 따뜻한 소스를 뿌려주세요.

> 야키소바면이 없을 땐 인스턴트 라면을 삶은 후 물기를 쪽 빼서 튀겨주시면 됩니다.

ソース焼きそば

소스야키소바

축제 구경 가면 꼭 먹는 길거리 음식

소스야키소바

일본에서는 1년 동안 정말 많은 축제를 해요.
하지만 저랑 신랑은 축제 자체는 그냥 마음으로만 즐기고
눈코입은 온리 길거리 음식에 집중해요.
축제의 길거리 음식에 빠지지 않는 대표 음식 중 하나가 바로 이 야키소바죠.
야키소바는 국물이 없는 볶은 면이라 식어도 맛있다는 장점이 있어요.
사실 제 입에는 식은 야키소바가 간이 더 잘 배어 있어서 오히려 더 맛있더라고요.
집에 있는 자투리 채소를 이용해 노래를 부르며 만들어주세요.
자투리~ 자투리~ 자투리 사냥을 나간다~ 얼쑤!~

Ready >> 2인분

주재료 야키소바면 2인분, 양배추 1/4통, 양파(中) 1/4개, 당근(小) 1/4개, 돼지고기 50g, 오징어 적당량, 물 100cc, 야키소바소스 2개, 식용유 적당량

Recipe

1. 양배추는 큼직큼직하게 썰어주세요.

2. 당근과 양파는 채 썰어주세요.

3. 돼지고기와 오징어는 한입 크기로 썰어주세요. 보통 돼지고기만 넣지만 오징어의 향과 식감도 야키소바와 참 잘 어울려요.

4. 프라이팬에 식용유 1큰술을 두르고 돼지고기와 오징어를 먼저 볶은 후 반 정도 익었다 싶으면 채소를 넣고 채소가 힘이 빠질 때까지 볶아주세요.

5. 볶은 채소를 한쪽으로 밀고 야키소바면을 넣고 물을 넣어주세요.

6. 젓가락으로 면을 잘 흔들며 풀어주세요. 충분히 풀어지면 밀쳐둔 채소와 섞어주세요.

7. 면에 들어 있는 야키소바소스를 넣고 잘 볶아주면 완성.

> 야키소바소스가 없을 땐 돈가스소스와 우스터소스를 1대1로 섞어 사용해도 비슷한 맛이 납니다.

바삭한 튀김과 따끈한 국물
튀김메밀소바

예전엔 메밀국수는 그냥 그랬는데
신랑이 메밀국수를 원체 사랑하다 보니
저도 어느덧 메밀국수를 좋아하게 되었어요.
메밀 100% 국수는 젓가락으로 들면
뚝뚝 끊어지고 까슬까슬해서 밀가루와
메밀이 섞인 국수가 더 맛있더라고요.
술 마신 다음날 튀김 얹은 메밀국수가 당겨서
전 해장을 이걸로 하고 있세요~

텐푸라소바

Ready >> 2인분

주재료 메밀국수 2인분, 튀김 2개, 파 조금, 자른 마른미역 1/4주먹

국물 재료 다시마가츠오 육수 600cc, 간장 4큰술, 미림 3큰술

Recipe

1

파는 잘게 썰어주세요.

2

끓는 물에 메밀국수를 넣고 넘치지 않게 중간 불에서 끓여주세요. 불 끄기 3분 전에 마른미역도 함께 넣어 끓여주세요. 국수마다 끓이는 시간이 다르니까 꼭 포장지에 적힌 조리 시간을 체크하고 시간에 맞춰 건져주세요.

3

냄비에 국물 재료를 넣고 팔팔 끓인 다음 그릇에 옮겨 담아주세요.

면쯔유가 있을 때는 다른 재료 필요 없이 물 600cc, 면쯔유 6큰술로 국물을 만들면 됩니다.

4

삶은 메밀국수는 찬물에 헹구지 않고 물기만 탈탈 털어낸 다음 3의 국물에 담고 끓인 미역, 튀김, 파와 함께 얹어주세요.

칼칼하게 먹고 싶다면 고춧가루를 조금 넣어주세요.

고기의 단맛이 국수 속으로~
고기메밀소바

메밀국수를 먹으려고 하는데 냉동실에 보관해둔 튀김이 다 떨어졌을 때 다시 튀김을 만들긴 귀찮고 그럴 때 육식주의자인 저는 주저 없이 고기를 넣어 먹어요. 고기의 달짝지근한 양념이 가츠오 육수와 의외로 잘 어울린답니다. 돼지고기를 사용한다면 기름기가 적은 부위를 사용해주세요.

니꾸소바
肉そば

Ready » 2인분

주재료 메밀국수 2인분, 돼지고기 얇게 썬 것 80g, 양파(大) 1/2개, 파 조금, 식용유 약간

국물 재료 다시마가츠오 육수 600cc, 간장 3+1/2큰술, 미림 2큰술

고기 양념 재료 간장 2큰술, 설탕 1/2큰술, 미림 1큰술, 술 1큰술

Recipe

1 양파는 1cm 두께로 채 썰고 파도 가늘게 채 썰어주세요.

2 고기 양념 재료는 미리 섞어 간을 맞춰주세요.

3 프라이팬에 식용유 1/2작은술을 두르고 중간 불에서 양파와 고기를 볶다가 2번의 양념을 넣어주세요.

4 양념이 거의 없어졌다 싶을 때까지 졸여주세요.

5 국물 재료를 팔팔 끓여 그릇에 담고 여기에 삶은 메밀국수를 넣고 4의 볶은 돼지고기와 양파, 채 썬 파를 얹어주세요.

> 멘쯔유가 있을 때는 물 600cc와 멘쯔유 5큰술만 섞으면 국물 완성!

따끈따끈 구수한
미소라멘

일본 여행 가서서 일본 라멘을 맛있게 드신 분들도 계시고
완전 꽝이었어! 하는 분들도 계실 거예요. 저도 처음에 먹은 일본 라멘은 좀 별로였지만
진짜 맛있는 라멘을 먹어보고선 두 눈에 하트 뿅뿅이 되었어요.
돈코츠라멘은 사골 국물처럼 깊은 맛이 나고 미소라멘은 구수하고
간장라멘은 가장 한국인 입맛에 잘 맞고 소금라멘은 산뜻한 맛이 난답니다.
오늘은 차슈와 달걀을 넣은 미소라멘을 한번 만들어볼까요?

味噌ラーメン
미소라멘

Ready >> 2인분

주재료 생라면 2인분, 라면 소스 2개, 차슈 4장, 반숙 달걀 1개, 파 1/4개, 김 1/2장, 물 적당량

Recipe

1 파는 송송 썰어주시고 반숙 달걀은 반으로 갈라주세요.

2 김은 4등분해주세요.

3 넉넉히 물을 끓인 다음 생라면이 뭉치지 않게 손으로 가볍게 풀어서 삶아주세요. 포장지에 적혀 있는 시간대로 끓여주시면 됩니다.

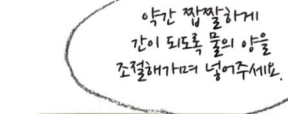

약간 짭짤하게 간이 되도록 물의 양을 조절해가며 넣어주세요.

4 그릇에 라면 소스를 넣고 뜨거운 물을 부어주세요.

5 3의 삶은 면의 물기를 털어 바로 국물에 넣고 차슈, 반숙 달걀, 김, 파를 얹어 내주세요.

冷やし中華 히야시주카

여름에 더욱 맛있는
냉라멘

면 요리라면 사족을 못 쓰는 저지만 쫄면, 냉면은 면발이 질겨서
따로 만들거나 시켜 먹지 않고 오직 숯불구이 먹을 때만 같이 먹거든요.
그래서 여름에 따로 챙겨 먹을 만한 시원한 면 요리를 찾고 있었는데
일본에 와서 냉라멘을 먹어보고 완전 사랑하게 되었어요.
질기지 않으면서도 탄력 있는 생라면에
여러 가지 채소를 곁들여 먹으면 따봉을 절로 외치게 되는 맛이랄까.
1인분은 모자란 관계로 신랑이랑은 꼭 둘이 3인분을 먹곤 합니다.

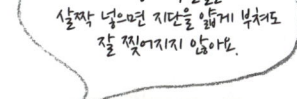

Ready >> 2인분

주재료 생라면 2인분, 당근(小) 1/4개, 오이(中) 1/3개, 슬라이스햄 2장, 맛살 1개, 달걀 1개, 녹말가루 1/2작은술, 물 2큰술, 참기름 2작은술

소스 재료 물 80cc, 설탕 2큰술, 간장 2큰술, 식초 1큰술, 레몬즙 1큰술

이렇게 녹말물을 살짝 넣으면 지단을 얇게 부쳐도 잘 찢어지지 않아요.

1

소스 재료를 넣고 설탕이 녹을 때까지 잘 섞은 후 냉장고에 차갑게 식혀주세요. 레몬즙 대신 식초만 2큰술 넣어도 되는데 확실히 레몬즙의 상큼함을 식초가 못 따라가더라고요.

2

슬라이스햄, 당근, 오이, 맛살은 5~6cm 길이로 채 썰어주세요. 삶은 새우, 토마토, 상추, 양상추 등을 넣어주셔도 굿!

3

달걀에 녹말가루 1/2작은술과 물 2큰술을 넣고 잘 풀어서 얇게 지단을 부쳐주세요.

4

달걀지단이 식으면 가늘게 채 썰어주세요.

5

생라면을 삶은 후 찬물에 헹궈 물기를 쪽 뺀 후에 참기름을 섞어 그릇에 담아주세요. 여기에 2와 4의 준비해 놓은 재료를 얹고 1의 소스를 뿌려주면 완성. 이때 연겨자를 조금 국물에 풀어주면 칼칼함과 새콤함이 한결 살아납니다.

여름에 식욕 없을 때 딱!
냉소면

소면은 면이 얇아서 후루룩 입안으로 들어오는 느낌이 참 좋은데
배가 너무 금방 꺼져서 먹고나서 한 시간만 지나도 또 생각나요. 나만 그런 건가? 나만 돼지인 건가?
여름에 식욕 없을 때 한 그릇 뚝딱 먹기 좋은 차가운 냉소면을 만들어보아요.
주말 점심에 온 집의 창문과 문을 활짝 열어 바람이 살랑살랑 들어오게 한 후
차갑게 식힌 냉소면을 신랑과 함께 먹으면 여기가 무릉도원이로구나~ 싶어요.
그리고 후식으론 수박과 멜론, 옥수수를 해치워줘요.
후식을 주식처럼 먹는 부부니까요.

冷やしらめん 히야시소멘

Ready >> 2인분

주재료 소면 2인분, 오이 1개, 파 1/4개, 달걀 1개, 와사비 약간, 소금 약간
녹말물 재료 녹말가루 1/2작은술, 물 2큰술
국물 재료 다시마가츠오 육수 200cc, 미림 50cc, 간장 50cc

Recipe

> 멘쯔유가 있을 땐 찬물 200cc에 멘쯔유 3큰술 넣고 끓이면 국물 완성!

1

냄비에 미림을 먼저 넣고 팔팔 끓기 시작하면 나머지 국물 재료를 넣고 한 번 끓인 후 차갑게 식혀주세요.

2

오이는 3등분 해서 얇게 채 썰고,

3

파도 잘게 송송 썰어주세요.

4

달걀에 소금 약간 넣고 풀어줍니다. 여기에 녹말물 재료를 넣어 섞은 다음 달걀지단을 부쳐주세요.

5

달걀지단이 식으면 얇게 채 썰어주세요. 이렇게 준비한 오이, 파, 달걀지단을 접시에 담고 와사비도 조금 담아주세요.

6

소면을 삶아 찬물에 헹군 뒤 조금씩 덜어 두 손가락으로 뱅글뱅글 말아 접시에 담아주세요. 이렇게 하면 소면을 집기도 편하고 한입 크기라 국물에 적셔 먹기도 좋아요.

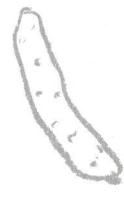

たらこスパゲティ

타라코스파게티

부드러운 크림이 듬뿍
명란젓스파게티

명란젓을 넣은 스파게티. 언뜻 생각하면 젓갈 때문에 비릴 거 같죠?
그런데 먹어보면 비린 맛 하나 없고 고소한 게 정말 너무 맛있어요.
호주에서 신랑과 데이트할 때 일본 레스토랑에서 이 명란젓스파게티를 처음 먹고선
명란젓스파게티를 먹으려고 연애를 한 건지, 연애를 하느라고 명란젓스파게티를 먹게 된 건지
헷갈릴 정도로 엄청 먹으러 갔던 기억이 나요.
일반적인 명란젓스파게티는 보통 국물이 별로 없는데 우리 집에서 해 먹는 레시피는
국물이 자작하게 있는 거라 면과 함께 국물도 즐길 수 있어요.

🍅 **Ready** >> 2인분

주재료 스파게티면 200g, 양파(小) 1개, 명란젓 1+1/2덩이, 김 1장, 우유 400cc, 화이트소스 3큰술, 콩소메 1작은술, 버터 약간

Recipe

1 양파는 채 썰어주세요. 씹는 맛을 더 즐기고 싶다면 버섯이나 해물을 약간 곁들여도 좋아요.

2 명란젓은 젓가락을 이용해 껍질과 알을 분리해주세요.

3 조미 안 된 김은 가위를 이용해 3cm 길이로 얇게 잘라주세요. 여기에 김은 꼭 들어 가야 돼요. 안 그러면 설렁탕에 파 안 넣은 것처럼 맛이 허전해지거든요.

4 물을 넉넉히 끓인 후 스파게티 면을 삶아 주세요. 이때 원래 삶는 시간보다 3분 정도 빨리 꺼내주세요. 이따 국물과 함께 한 번 더 끓일 거니까요.

5 프라이팬에 버터를 넣고 양파를 약한 불에 살짝 볶다가 우유를 넣고 양파가 익을 때까지 뭉근히 끓여요. 마지막에 화이트 소스랑 콩소메를 넣어주세요. 이때 양파가 그을려지면 요리 전체 색상이 탁해지니까 주의해주세요.

6 준비해둔 명란젓을 투하하고,

7 스파게티면을 넣고 2분 정도 약한 불로 끓이다가 소금으로 간을 합니다. 접시에 담은 후 김을 뿌려주면 고소한 명란젓스파게티 완성~

💬 명란젓이 꽤 짭조름하니까 소금 간은 꼭 마지막에 해주셔야 해요.

마늘과 베이컨의 환상의 조화
페페론치노

페페론치노는 마늘과 올리브유로 만드는 심플한 파스타라
맛이 강한 토마토소스나 크림소스를 사랑하는 저에겐 뭔가 심심한 맛이었어요.
근데 신랑이 만들어준 페페론치노는 양배추의 단맛과 베이컨의 짭조름함,
그리고 마늘 향이 어우러져 진짜진짜 짱 맛있는 거예요.
울 신랑의 레시피 맛있다고 좋다고 올리는 저는 팔불출~ 남들이 보면 파출부~
오늘따라 라임이 쫙쫙 붙네~

ペペロンチーノ
페페론치노

Ready >> 2인분

주재료 스파게티면 200g, 양배추 1/4통, 베이컨 50g, 마늘 2쪽, 올리브유 2큰술, 마른 고추 1개, 소금·후추 약간씩

Recipe

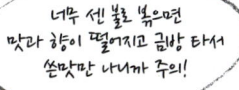
너무 센 불로 볶으면 맛과 향이 떨어지고 금방 타서 쓴맛만 나니까 주의!

1

물을 넉넉히 끓인 다음 소금을 1작은술 넣고 스파게티면을 삶기 시작해주세요. (삶는 시간은 면 포장지 참조) 양배추는 삶을 거니까 아주 큼직하게 썰어주세요. 그래야 단맛도 더 살아 훨씬 맛나요.

2

베이컨은 한입 크기로 썰어주세요. 마늘과 마른 고추는 잘게 썰어서 볶을 때 향이 잘 올라오게 준비해주세요.

3

프라이팬에 올리브유를 두르고 약한 불로 마늘과 마른 고추를 볶아주세요. 매운맛과 마늘 향이 우러나와 기침이 나올랑 말랑 하면 OK!

4

베이컨을 넣고 살짝 볶은 후 불을 끄고 스파게티면이 익을 때까지 다소곳이 기다려주세요.

5

면이 다 삶아지기 2분 전에 썰어둔 양배추를 넣어 같이 삶아주세요.

6

삶은 면과 양배추를 건져내 물기를 뺀 다음 베이컨이 볶아져 있는 프라이팬에 넣어주세요.

7

올리브유가 면 전체에 고루 묻었다 싶으면 소금, 후추로 간을 하고 마무리해주세요.

ナポリタン

나폴리탄

나폴리에는 없고 일본에만 있어요~

나폴리탄

나폴리탄이 나폴리에서 온 음식인 줄 알았더니 일본에서 만들어진 스파게티 종류래요.
일본에서도 나폴리탄이라고 부르는 데도 있고 이탈리안이라고 부르는 데도 있는데
나폴리탄이 일반적이랍니다.
처음에 일본 와서 나폴리탄을 먹어봤을 때는 '이거슨 그냥 케첩 버무림!' 하면서 별로 안 좋아했는데
여러가지 시도로 정말 맛있는 레시피를 찾아서 지금은 나폴리탄 왕 좋아해요.
왜냐고? 따로 소스 안 만들어도 되고 맛있으니까~

Ready ≫ 2인분

주재료 스파게티면 200g, 소시지 50g, 방울토마토 4개, 피망 1/2개, 양파 1/4개

소스 재료 케첩 5큰술, 면쯔유 1큰술, 식용유 적당량

Recipe

1 물을 넉넉히 넣고 끓이다가 물이 끓어오르면 스파게티면을 넣고 삶아주세요. (삶는 법은 포장지 참조)

2 소시지는 두툼하게 썰어주시고 방울토마토는 4등분해주세요. 베이컨을 넣어도 맛있어요.

3 양파와 피망은 채 썰어주세요.

4 프라이팬에 식용유 1큰술을 두르고 피망, 양파, 소시지를 볶다가

5 채소들이 기운이 없어지면 약한 불로 바꾼 뒤 소스 재료를 분량대로 넣고 방울토마토도 넣어 볶아주세요.

6 삶은 스파게티면의 물기를 빼고 5의 소스와 함께 잘 섞어서 접시에 올리면 완성. 파르메산치즈와 타바스코소스를 곁들여 먹으면 더욱 맛있어요.

제5권 오늘의 특별요리입니다!

햄버거스테이크 | 생강돼지고기구이 | 소고기감자조림 | 새우조림 | 돈가스 | 통삼겹살찜 | 두부튀김 | 멘치카츠 | 데리야키치킨 | 두부조림 | 방어무조림 | 고등어미소조림 | 가자미조림 | 대구무니엘 | 감자고로케 | 스키야키고로케 | 옥수수크림고로케 | 채소튀김 | 굴미소조림 | 화이트크림소스그라탕 | 탕수육

와후함바그
和風 ハンバーグ

육즙이 철철~
햄버거스테이크

처음에 햄버거 만들었을 때 제가 햄버거를 만든 건지 돌덩이를 만든 건지 했어요.
엄청 딱딱한 햄버거를 만든 이후 열공해서
젓가락으로도 잘 잘리는 부드럽고 육즙 가득한 햄버거를 만드는 데 성공!
보통 데미그라스소스와 곁들여 먹는데 제 입에는 조금 느끼하기도 하고 만들기도 번거로워서
전 간장과 무를 이용해 간단한 일본풍 소스를 만들어 먹어요.
간장과 무가 햄버거랑 어울릴까 싶으시다고요?
한번 해보세요. 엄청 촉촉한 게 진짜 맛있어요.

Ready ≫ 2인분

주재료 돼지고기 간 것 200g, 양파(大) 1/2개, 요리술 1큰술, 달걀 1개, 빵가루 2큰술, 우유 1큰술, 소금·후추 약간씩, 무 1/4개, 물 1큰술, 식용유 적당량

소스 재료 물 4큰술, 설탕 1/2큰술, 미림 3큰술, 간장 3큰술, 혼다시 1/2작은술

Recipe

1 양파를 아주 잘게 다져서 식용유 1작은술을 두른 프라이팬에 노르스름하게 될 때까지 중간 불에서 볶은 후 식혀주세요. 양파 입자가 크면 씹히는 맛이 부드럽지 않으니까 꼭 잘게 썰어주세요.

2 양파를 식히는 동안 돼지고기에 요리술을 넣고 하얗게 끈기가 생길 때까지 손이나 방망이로 '내가 달의 토끼다' 하면서 팍팍 치대주세요. 잘 치대지 않으면 고기 구운 뒤 부스러지기 쉬워요. 돼지고기 대신 소고기를 써도 돼요.

우유가 없음 빵가루만이라도 꼭 넣어주셔야 구울 때 고기 육즙이 날아가지 않는답니다.

3 잘 치댄 고기에 달걀, 볶은 양파, 소금, 후추, 우유, 빵가루를 넣고 잘 섞이게 손으로 다시 치대주세요.

4 고기 반죽을 적당히 덜어 공기가 빠지게 캐치볼 하는 것처럼 양손으로 치댄 후 평평하게 만들어 가운데를 움푹 파이게 눌러주세요. 완전 평평하게 만들어도 굽고 나면 꽤 부풀어올라요.

5 프라이팬에 식용유 1작은술을 두르고 센 불로 달군 후 4의 고기 반죽을 넣고 굽다가 한쪽 면이 갈색 빛이 돌면 뒤집어주세요. 그런 다음 물 1큰술을 넣고 뚜껑을 덮어 약한 불로 8분간 익혀주세요.

6 햄버거를 익히는 동안 소스 재료를 한꺼번에 냄비에 넣고 끓어오르면 불을 꺼주세요.

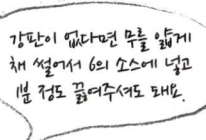

강판이 없다면 무를 얇게 채 썰어서 6의 소스에 넣고 1분 정도 끓여주셔도 돼요.

7 무를 강판에 갈아서 물기를 꼭 짠 후 구운 햄버거 위에 올리고 6의 소스를 얹어주세요.

생강 싫어하는 사람도 끌리는 맛
생강돼지고기구이

돼지고기에 짭짤한 간장 맛과 생강의 산뜻한 향이 배어
느끼하지 않으면서 밥과도 잘 어울리는 요리예요.
전 생강을 별로 좋아하지 않지만 이 요리에선 생강의 향이 없던 식욕도 생기게 해주고
돼지고기의 느끼함을 잡아주기 때문에 꼭꼭 넣어야 해요.
요 돼지고기구이는 특별한 비법이 있는 음식도 아닌데
진짜 너무 맛있어서 구렁이 담 넘듯 밥이 막 넘어가요.
집집마다 돼지고기 부위를 다르게 사용하기도 하고 굽는 방법이 다르기도 하지만
맛있는 건 똑같습니다요.

生姜焼き 쇼우가야키

Ready >> 2인분

주재료 로스용 돼지고기 얇게 썬 것 200g, 양배추잎 4~5장, 식용유 적당량
양념 재료 간장 1큰술, 요리술 1큰술, 미림 1큰술, 생강 1쪽

Recipe

1

생강은 향을 위해 채로 썰기보다는 강판에 갈아주세요.

2

양념 재료를 분량대로 섞은 후 1의 생강 간 것을 섞어주세요.

3

얇게 썬 로스용 돼지고기를 평평한 그릇에 양념을 뿌리며 켜켜이 담은 후 뚜껑을 덮고 냉장고에 10분 이상 재워주세요. 자장~ 자장~

양배추를 썰어 찬물에 담가두면 아삭아삭한 식감이 살아납니다.

4

그 사이 양배추는 얇게 썰어 찬물에 잠시 담갔다가 체에 밭쳐 물기를 빼주세요.

5

달군 프라이팬에 식용유 1큰술을 두르고 재어놓은 돼지고기를 넣고 중간 불에서 구워주세요.

6

한 면이 익으면 뒤집고 고기를 쟀던 양념을 1큰술 넣어주세요. 고기가 다 익으면 채 썬 양배추와 함께 접시에 내주세요.

가장 자주 해 먹는 음식 중 하나!
소고기감자조림

소고기감자조림은 대표적인 일본식 가정 요리예요. 보기에는 좀 심심하게 생겼지만 먹어보면 제대로 맛이 배 있어 밥반찬으로 특히 좋아요. 특히 달콤짭조름한 국물을 뜨끈한 밥 위에 얹어 먹으면 정말 맛있죠. 저희 신랑이 좋아해서 자주 만드는 편인데 중간 불로 뭉근히 끓이기만 하면 돼서 만들기도 쉬워요. 바로 만들어 먹는 거보다는 한 번 식힌 후 데워 먹는 게 감자에 양념 국물이 쪽~ 배어서 더 맛있답니다.

Ready >> 2인분

주재료 소고기 100g, 감자(小) 3개, 당근(小) 1개, 양파(中) 1/2개, 실곤약 1주먹, 물 200cc, 껍질콩 적당량, 식용유 약간

1차 양념 재료 간장 1큰술, 설탕 1큰술, 미림 1큰술, 요리술 1큰술

2차 양념 재료 간장 1+1/4큰술, 설탕 1/2큰술

Recipe

1 양파는 2~3cm 두께로 도톰하게 썰고 감자와 당근은 껍질을 벗겨 큼직큼직하게 썰어주세요. 너무 작게 썰면 나중에 모양이 다 망가져버려요.

2 냄비에 식용유 1/2큰술을 두르고 양파, 감자, 당근, 소고기를 넣어 식용유가 전체적으로 묻어날 정도로 가볍게 볶아주세요.

3 물 200cc, 1차 양념 재료, 실곤약을 넣고 센 불로 끓여주세요.

4 팔팔 끓어오르면 거품이 올라오는데 이건 걷어내주세요.

5 2차 양념 재료를 넣고 뚜껑을 덮은 다음 국물이 반이 될 때까지 약한 불에 끓여주세요. 마지막에 센 불로 1분간 끓여 광택을 준 후 데친 껍질콩을 넣고 마무리하세요.

> 끓일 때 휘저으면 감자가 부스러져 국물이 탁해지니까 가능하면 건드리지 말아주세요.

평소에도 즐겨 먹는 오세치 요리
새우조림

일본에서는 정월에 오세치 요리라는 걸 먹어요. 주로 식초, 소금, 간장 등에 절이거나 조린 음식을 정월 휴일 동안 먹는 거예요. 여자가 그 기간만이라도 좀 쉴 수 있도록 하기 위한 거라고 하는데 그걸 뼈 빠지게 만드는 건 여자라는 거. (하긴 요샌 사 먹는 사람들도 많아요) 암튼 오세치 요리는 음식마다 다 의미가 있는데 이 새우조림은 새우처럼 등이 굽고 수염이 길게 날 때까지 장수하자는 의미로 먹는 거래요. 벗뜨, 저는 의미보다는 단순히 맛있어서 평소에도 자주 해 먹어요.

Ready >> 2인분

주재료 새우 5~10마리
양념 재료 물 2큰술, 요리술 6큰술, 미림 4큰술, 간장 2작은술, 소금 1작은술

Recipe

1. 새우는 머리가 달린 채로 뾰족한 부분만 가위로 잘라내주세요.

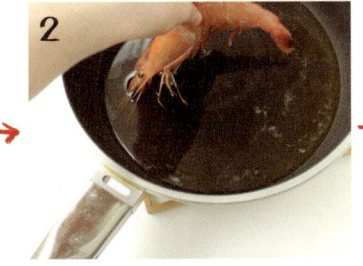

2. 냄비에 양념 재료를 넣고 팔팔 끓어오르면 손질한 새우를 넣어주세요.

3. 새우의 색이 변하면 오토시부타를 하고 중간 불에서 4~5분 끓여주세요.

4. 불을 끄고 잠시 그대로 둬 양념이 배게 해주세요. 먹을 때는 새우만 건져 접시에 담아내면 됩니다.

とんかつ 돈카츠

두툼하고 바삭바삭한
돈가스

초딩 때 즐겨 하던 돈가스게임이 급 생각나네요.
어렸을 땐 돈가스가 당연히 한국 음식인 줄 알았지 뭐예요.
전 일본식 돈가스의 두툼한 고기도 좋지만 얇은 고기에 과일향의 브라운소스를 올린
한국식 옛날 돈가스도 참 맛있는 것 같아요.
일본식 돈가스는 꼭 소스에 연겨자를 풀어 먹는데
이렇게 하면 돈가스의 느끼함은 잡아주고 칼칼한 맛이 돌아서 한층 맛이 살아난답니다.

Ready >> 2인분

주재료 돼지고기 등심 두껍게 썬 것 2장, 소금·후추 약간씩, 돈가스소스 적당량, 연겨자 약간, 깨 약간

튀김옷 재료 달걀 1개, 빵가루 적당량, 밀가루 적당량

Recipe

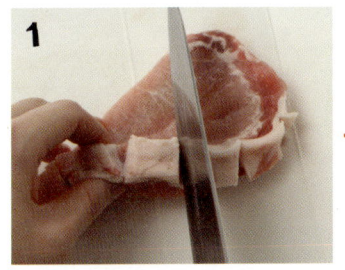

1 돼지고기 등심의 경우 기름 부분에 칼집을 듬성듬성 넣어주세요. 이렇게 하면 튀길 때 고기가 오그라들지 않아요. 안심의 경우에는 칼집을 낼 필요가 없어요. 안심하고 그냥 튀겨주세요.

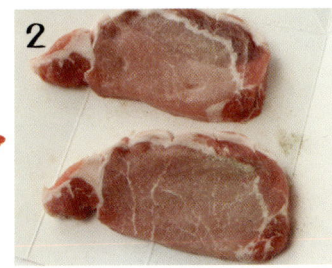

2 고기 양면에 소금, 후추를 약간씩 뿌려주세요.

3 밀가루 → 달걀 → 빵가루 순으로 골고루 얇게 고기 표면에 튀김옷을 묻혀주세요.

4 170℃ 기름에 튀김옷 입힌 돈가스를 바삭바삭하게 튀겨주세요.

5 돈가스소스에 연겨자와 갈아놓은 깨를 넣어 곁들여주세요.

Tip 돈가스 튀기는 노하우
일본식 돈가스는 고기가 두껍기 때문에 너무 뜨거운 기름에 튀기면 겉만 타고 속이 익지 않아요. 170℃ 정도의 적당한 온도에서 천천히 튀기다 살짝 덜 노릇하다 싶을 때 건져 남은 열로 마저 익도록 해주세요. 이래야 육즙이 덜 날아가요. 이건 여러 번 튀기다 보면 감이 생겨요.

입안에서 녹는 부드러운 삼겹살
통삼겹살찜

일본에 와서 중식당을 갔을 때 먹었던 삼겹살찜이에요.
삼겹살이 덩어리로 떡하니 접시 위에 놓여 있는 걸 보곤 엄청 질기겠구나 했는데
젓가락으로 잘라 먹을 수 있을 정도로 부들부들하면서 씹는 맛도 살아 있는 거예요.
간장 양념이 적당해서 짜지도 않고요.
양념이 쏙 밴 무와 국물에 찍어 먹는 달걀노른자의 맛까지 환상!
삼겹살 한입~ 달걀 한입~ 무 한입~ 이렇게 먹어야 환상의 궁합이 완성.
하나라도 빠지면 아쉬워서 안 돼요.

豚の角煮
부타노카쿠니

Ready ≫ 2인분

주재료 통삼겹살 240g, 달걀 1개, 무 3~4cm 1도막, 파 흰 부분 약간, 식용유 약간
양념 재료 물 500cc, 설탕 3큰술, 간장 80cc, 요리술 4큰술

Recipe

1 삼겹살은 큼직하게 덩어리로 썰고 무는 3~4cm 두께로 잘라 껍질을 깎고 가장자리를 둥글게 만들어주세요. 무 모서리가 뾰족하면 지들끼리 부딪혀 모양이 망가지거든요.

2 찬물에 달걀을 넣고 중간 불로 15분간 삶아 후딱 찬물에 식힌 다음 껍질을 벗겨주세요.

3 프라이팬에 식용유 1작은술을 두른 다음 센 불에서 삼겹살의 표면을 잘 구워주세요. 이렇게 해두면 나중에 고기 모양이 흐트러지지 않아요.

삼겹살의 기름기를 빼기 위한 거랍니다. 기름 사랑하시면 이 단계 생략!

4 고기가 잠길 만큼 찬물을 넣고 팔팔 끓으면 중간 불로 약 20분간 끓인 후 고기를 건져주세요.

5 압력솥에 양념 재료, 무, 삼겹살을 넣은 후 뚜껑을 덮고 신호추가 칙칙폭폭 하면서 돌아갈 때까지 끓여주세요. 신호가 오면 1분 정도 기다렸다가 약한 불로 바꾸고 30분간 더 끓여줍니다.

6 압력솥의 압력을 뺀 다음 뚜껑을 열어 삶은 달걀을 넣고 오토시부타를 한 상태로 중간 불에서 약 25분간 끓여주세요. 접시에 담을 땐 채 썬 파를 얹고 연겨자를 곁들여주세요.

Tip 압력솥이 없다면
압력솥이 아닌 일반 냄비를 이용할 경우 양념 재료, 무, 삼겹살, 달걀을 넣고 오토시부타를 한 후 약 2시간 정도 끓여주면 부드러운 삼겹살찜이 된답니다.

두부튀김

가츠오 육수와 함께 먹는 고소한 두부!

두부 싫어하는 사람도 뿅~가게 만드는 두부튀김 만드는 법 알려드립니다.
두부에 녹말가루를 묻혀서 바삭하게 튀긴 다음에 따끈한 가츠오 육수를 뿌려 먹으면
육수가 밴 곳은 촉촉하고 아닌 곳은 바삭바삭한, 고기보다 맛나는 두부가 탄생합니다.
식으면 튀긴 두부가 육수를 흡수해 물컹해지니까 만들자마자 따끈할 때 드세요~

揚げ出し豆腐
아게다시도후

Ready >> 2인분

주재료 두부 1모, 가지 1/2개, 파 1/5개, 녹말가루 4~5큰술, 가츠오부시 1/2주먹, 식용유 적당량

육수 재료 다시마가츠오 육수 200cc, 간장 2+1/2큰술, 미림 2큰술

Recipe

1 육수 재료를 냄비에 넣고 한 번 팔팔 끓여주세요.

2 두부 위에 무거운 것을 올려놓아 물기를 뺀 후 4~6등분으로 큼직큼직하게 썰어주세요.

3 가지는 길쭉하게 6등분해주시고 파는 송송 썰어주세요. 가지 대신 꽈리고추를 넣어도 맛있어요.

4 두부 전체에 녹말가루를 꼼꼼히 묻혀주세요. 가지에도 가볍게 녹말가루를 묻혀주세요.

5 180℃(젓가락을 넣었을 때 거품이 빠글빠글 올라오는 정도) 기름에 녹말가루를 묻힌 두부를 넣고 약간 노르스름해질 때까지 튀겨주세요.

6 두부를 건진 후 가지를 넣고 가볍게 튀겨냅니다. 그릇에 튀긴 두부와 가지를 담고 송송 썬 파와 가츠오부시를 위에 올린 다음 먹기 직전에 따끈하게 끓여놓은 1의 육수를 뿌려주세요.

メンチカツ 멘치카츠

느끼하지 않은 부드러운 고기튀김
멘치카츠

고기 좋아하는 울 신랑이 유일하게 밖에서 사 먹지 않는 요리입니다.
멘치카츠는 소고기나 돼지고기 간 것을 뭉쳐서 튀긴 건데(한마디로 햄버거를 튀긴 요리)
밖에서 파는 건 느끼하다고 안 사 먹어요.
집에서 채소를 듬뿍 넣고 만들면 느끼함은 전혀 없고
부드러운 고기 맛이 살아 맛있다면서 아주 좋아한답니다.
겉은 바삭하고 속은 부드러운, 느끼하지 않은 멘치카츠를 만들어볼까요.

Ready >> 2인분

주재료 돼지고기 간 것 150g, 양배추 1/4통, 양파(中) 1/4개, 소금 1/2작은술, 식용유 적당량

반죽 재료 빵가루 4큰술, 우스터소스 1큰술, 소금 1작은술, 달걀 1/2개

튀김옷 재료 달걀 1개, 빵가루 적당량, 밀가루 적당량

Recipe

1. 양배추는 잘게 썬 후 소금 1/2작은술을 넣고 물기가 생기면 꾹 짜주세요.

2. 양파는 잘게 썰어 프라이팬에 식용유 1/2 작은술을 두르고 살짝 투명해질 때까지 볶은 다음 식혀주세요.

3. 돼지고기 간 것, 물기 뺀 양배추, 볶은 양파, 반죽 재료를 넣고 잘 섞이게 손으로 치대주세요. 돼지고기 대신 소고기를 쓰셔도 상관없어요.

4. 고기 반죽을 적당히 덜어 둥글넓적하게 빚은 다음 밀가루 → 달걀 → 빵가루 순으로 골고루 튀김옷을 묻혀주세요

5. 160℃ 기름(튀김젓가락을 넣었을 때 천천히 거품이 올라오는 정도)에 4의 고기를 넣고 노르스름해질 때까지 잘 튀겨주시면 완성! 우스터소스와 함께 내주세요.

광택이 흐르는 간장 양념 닭구이
데리야키치킨

치킨 사다가 간장 양념에 재어놓으면 일주일 정도는 냉장 보관이 가능해서
먹고 싶을 때 후딱 구워 먹을 수 있어 좋아요.
광택 나게 예쁘게 구우려면 프라이팬에 구워야 하는데 이렇게 하면 약간 비린 맛이 나더라고요.
대신 생선 굽는 그릴에 구우면 모양은 좀 덜 예쁘지만 환상의 맛을 자랑해요!
예쁜 여자가 성격이 안 좋은 것처럼 데리야키치킨도 예쁘게 구울 땐 맛은 좀 그런가 봐요.
하지만 아닐 때도 있답니다. 전 못생겼는데 성격도 참 안 좋거든요! 푸힝~

照り焼きチキン

테리야키치킨

Ready >> 2인분

주재료 닭다리살 2도막, 소금·후추 약간씩, 아스파라거스 3~4개
양념 재료 간장 3큰술, 술 2큰술, 미림 1큰술, 설탕 1큰술

Recipe

1 양념이 잘 배도록 닭다리살에 칼집을 푹 푹 넣고,

2 소금, 후추를 뿌려 고기에 간을 해주세요.

3 양념 재료를 섞어 설탕을 잘 녹인 후 2의 닭고기를 넣어 30분 이상 재워주세요.

그릴에 닭고기를 구우면 껍질도 바삭바삭하고 숯불 향이 나서 닭의 비린 맛이 사라져요. 대신 데리야키 광택이 사라나~

4 닭고기를 재는 동안 아스파라거스를 2등분해서 볶고 양배추는 채 썰어주세요.

5 그릴에 물을 넣고 양념에 재놓은 닭고기를 얹어 약한 불로 10분간 구워주세요.

6 부족한 광택을 더해주기 위해 고기 쟀던 양념을 프라이팬에 넣고 약한 불에 광택이 날 때까지 끓인 후 5의 닭고기에 뿌려주세요.

Tip **닭을 프라이팬에 구울 때**
달군 팬에 식용유를 1작은술 넣고 닭고기를 양면 다 구워줍니다. 갈색 빛이 약간 돌면 물 1큰술을 넣고 뚜껑을 덮은 후 8분간 약한 불로 익혀주세요. 마지막에 남은 양념을 붓고 광택이 날 때까지 구우면 완성.

시미시미토후

しみしみ豆腐

스키야키 뺨 치는 맛!
두부조림

전 스키야키를 정말 사랑하지만 준비할 재료가 많은 편이라 자주 해 먹긴 좀 번거로워요.
그럴 때 스키야키랑 비슷한 이 두부조림을 만들어 먹는데
날달걀을 풀어서 찍어 먹으면 정말 스키야키 뺨을 후려칠 만큼 맛있어요!
두부와 소고기, 그리고 야들야들한 파까지 국물을 쏙 머금고 있어서 밥반찬으로도 좋아요.
특히 파가 월매나 맛있는지 저는 항상 파를 왕창 넣어서 먹어요.
먹고 나면 주위 사람들이 '나는 네가 지난 밤에 먹은 걸 알고 있다'라는 눈빛을 보내준다는 단점이.

Ready >> 2인분

주재료 두부 1모, 파 1개, 소고기 얇게 썬 것 150g

양념 재료 물 100cc, 간장 4 +1/2큰술, 미림 4+ 1/2큰술, 설탕 3큰술

Recipe

1. 두부를 키친타월로 싼 다음 그 위에 접시를 얹어 두부의 물기를 살짝 빼주세요.

2. 파는 길쭉길쭉하게 채 썰어주세요.

3. 물기를 뺀 두부는 6등분 해주세요.

4. 냄비에 양념 재료를 넣고 끓어오르면 3의 두부를 넣어주세요.

5. 오토시부타를 한 후 중간 불로 10분간 끓여주세요.

6. 10분 후 소고기를 넣고 색상이 바뀔 정도로만 데쳐주세요. 너무 익히면 질겨지니까요.

7. 여기에 채 썬 파를 넣고 파가 흐물흐물해질 때까지 익혀주면 끝. 먹을 때는 꼭 날달걀 푼 것을 곁들여 찍어 드세요.

겨울 생선의 고소한 맛!
방어 무조림

예전엔 생선을 잘 안 먹었는데 일본에 살면서부터 여러 가지 생선을 정말 많이 먹은 거 같아요.
역시 가을엔 꽁치, 겨울엔 방어 아니겠세요?
겨울의 방어는 기름이 쫙 올라와 고소하고 비린 맛도 없고 살이 엄청 차져서
생선회로 먹어도 맛있고 조림을 해도 부드러운 고기처럼 맛있답니다.
물론 방어초밥도 진짜 맛있죠!
오늘은 고소함이 끝내주는 겨울 방어를 간장에 졸여 밥도둑을 만들어보아요.

ブリ大根
부리다이콘

Ready >> 2인분

주재료 방어 2도막, 무 6cm 1도막

양념 재료 물 400cc, 간장 3큰술, 요리술 3큰술, 미림 1+1/2큰술, 설탕 1+1/2큰술, 생강 2쪽

Recipe

이렇게 미리 한 번 삶아두면 간장 양념이 잘 배서 좋아요.

1 무는 껍질을 깎고 3cm 두께로 썬 후 반 토막 내주세요.

2 냄비에 무를 담고 찬물을 넉넉히 부어 8분간 끓인 후 무는 건져주세요. 찬물에서부터 무를 넣고 끓이기 시작해야 투명한 무를 만들 수 있어요.

3 무를 끓인 물에 방어를 넣고 끓이다 겉면이 하얗게 되면 바로 건져주세요. 넣자마자 바로 하얗게 되기 때문에 데친다고 생각하면 돼요. 이렇게 해주면 방어의 비린맛도 줄어들고 간장에 조릴 때 살이 덜 부스러진답니다.

4 냄비에 물을 제외한 양념 재료를 모두 넣고 끓어오르면 방어를 넣어요. 양념을 숟가락으로 끼얹어가며 중간 불에서 4분 정도 끓여주세요.

5 방어를 건져내고 물 400cc와 무를 넣은 다음 뚜껑을 덮고 중간 불에서 15분 정도 더 끓여주세요.

6 다시 방어를 넣고 국물이 자작해질 때까지 숟가락으로 국물을 뿌려가며 조리면 완성.

さばのみそ煮

사바노미소니

생강을 넣어 비리지 않은

고등어미소조림

고등어는 특유의 맛 때문에 인기가 많지만 그 맛 때문에 싫어하시는 분들도 많더라고요.
저도 예전엔 고등어를 잘 안 먹다가 간고등어구이 먹고 고등어의 매력에 흠뻑 빠졌더랬어요.
고등어를 데치고 생강의 향으로 마무리해 비리지 않으면서
촉촉함이 살아 있는 고등어조림을 한번 만들어봐요~

Ready >> 2인분

주재료 고등어 1/2마리, 생강 1쪽, 미소된장 1/2큰술
양념 재료 미소된장 1큰술, 설탕 1+1/2큰술, 요리술 2큰술, 간장 1작은술, 물 200cc

Recipe

1 길이로 2등분한 고등어를 찬물에 살짝 씻은 다음 키친타월로 물기를 닦아주세요. 몸통을 반으로 나눈 뒤 엑스 표시를 해주세요. 이렇게 칼집을 내어놓으면 양념이 더 잘 배어들어요.

2 생강의 반은 얇게 저미고 반은 가늘게 채 썰어주세요.

3 프라이팬에 저민 생강과 양념 재료를 넣고 잘 풀어 준 다음 끓이기 시작해요.

4 양념이 끓어오르면 1의 손질한 고등어를 넣고 오토시부타를 한 상태로 중간 불에서 10분간 끓여주세요.

5 10분이 지나면 미소된장 1/2큰술을 더해주세요. 이렇게 양념과 고등어에 미소된장을 나눠서 넣으면 미소의 향이 한층 더 살아요.

6 숟가락으로 양념을 끼얹으면서 중간 불에서 5분간 더 끓여주세요.

7 양념이 광택이 도는 갈색 빛이 될 때까지 조린 뒤 고등어에 끼얹고 채 썬 생강을 위에 얹어서 내면 완성!

고소한 알을 품은
가자미 조림

뭐니 뭐니 해도 제철 재료를 이용한 음식이 제일 맛있는 거 같아요. 제철인 봄에 먹는 가자미는 단백하고 쫄깃한 살과 고소한 알까지 품고 있어 강한 양념으로 본래의 맛을 죽이기보다는 심플한 간장 양념으로 조림을 하면 맛있답니다. 특히 가자미 지느러미는 콜라겐 덩어리라 여자한테 특히 좋은 생선이라네요. 가자미살을 발라서 간장 국물에 몇 번 찍은 다음 밥 위에 얹어 먹으면, 오우~ 굿!

카레이노니츠케

Ready >> 2인분

주재료 가자미 2도막, 생강 1쪽, 파 흰 부분 적당량

양념 재료 물 50cc, 요리술 25cc, 간장 25cc, 미림 25cc, 설탕 1/2 큰술

Recipe

1 냄비에 양념 재료와 생강을 넣고 끓이다 팔팔 끓어오르면,

2 가자미를 넣고 오토시부타를 해서 약~ 중간 불에서 15분간 끓입니다. 그런 다음 불을 끄고 10분 정도 놔둬 가자미에 간이 쏙 배게 해주세요.

3 가자미를 익히는 동안 파에 칼집을 넣고 심을 뺀 다음,

4 파를 얇게 채 썰어 찬물에 10분 정도 담갔다가 물기를 꼭 짜주세요. 익힌 가자미를 접시에 담고 양념을 뿌린 다음에 채 썬 파를 얹어내면 완성!

たらのムニエル
타라노무니에르

 담백한 생선의 맛을 끌어올리는
대구무니엘

대구는 참치나 방어처럼 기름기가 많지 않기 때문에
그릴에 굽기보다는 보통 살만 발라서 전을 해 먹거나
갈아서 어묵튀김을 해 먹곤 해요.
그치만 전은 좀 느끼하고 어묵튀김은 갈아서
튀겨야 하기 때문에 귀찮죠.
그래서 전 아주 간단한 방법으로
대구 요리를 해 먹고 있습니다.
이름은 화려하지만 레시피는 소박한 요리예요.

Ready ≫ 2인분

주재료 대구 2도막, 밀가루 2큰술,
소금·후추 약간씩, 버터 1큰술

Recipe

 →  →

1 대구의 양면에 소금, 후추를 약간 뿌려 10분간 절여주세요. 이미 소금에 절여진 대구를 사용하는 경우라면 소금은 빼고 후추만 뿌려주세요. 대구 대신 연어를 써도 돼요.

2 소금에 절여진 대구에 밀가루를 골고루 발라주세요.

3 프라이팬에 버터를 넣고 중간 불에서 녹인 후 2의 대구를 넣고 양면을 구워주세요. 그런 다음 뚜껑을 덮고 약한 불에서 5분간 더 익혀 접시에 내놓으면 끝. 버터가 없을 땐 마가린도 좋아요. 식용유에는 향이 없어서 별로니까 꼭 마가린이나 버터를 이용해주세요.

왜 이렇게 맛있는 거니!
감자고로케

한국에서 고로케는 잡채와 채소를 넣은 빵인데
일본에서는 감자와 고기를 넣은 걸 고로케라고 하더라고요.
둘의 공통점은 없어서 못 먹는다는 거! 느무 맛있다는거!
감자의 보들보들함과 고기의 고소한 맛, 양파의 단맛이 어우러진 기본 고로케예요.
보통 우스터 소스나 돈가스소스를 뿌려 먹는데 산뜻하게 먹고 싶을 땐
간장에 레몬즙 살짝 뿌려 먹음 느끼함 바이바이예요.

じゃがいもコロッケ
자가이모고로케

Ready ≫ 2인분

주재료 감자(小) 6~7개, 양파(大) 1/2개, 돼지고기 간 것 80~100g, 소금 1/2작은술, 후추 약간, 식초 1/2작은술, 식용유 적당량

튀김옷 재료 달걀 1개, 빵가루 적당량, 밀가루 적당량

Recipe

1 감자는 껍질을 벗겨 찬물에 헹궈주세요. 감자에 물기가 있을 때 내열접시에 담아 랩으로 덮은 다음 전자레인지를 이용해 쪄주세요.

2 감자를 삶는 동안 양파를 잘게 썰어 준비해주세요.

3 프라이팬에 식용유 1/2큰술을 두르고 돼지고기 간 걸 갈색이 돌 때까지 볶다가 썰어둔 양파, 소금 1/4작은술, 후추 약간 넣고 양파가 투명해질 때까지 더 볶아주세요.

식초를 넣으면 감자의 풋내가 바이바이~

4 익은 감자를 볼에 담고 으깬 다음 소금 1/4작은술, 식초 1/2작은술을 넣어주세요. 간을 굉장히 심심하게 했는데 어차피 소스를 찍어 먹기 때문에 괜찮아요.

5 4의 으깬 감자와 3의 볶아놓은 양파와 돼지고기를 잘 섞은 후 동그랗게 모양을 만들어주세요. 뜨거우니까 한 김 식혔다가 하세요.

6 동그랗게 뭉친 5의 반죽에 밀가루 → 달걀 → 빵가루 순으로 튀김옷을 입혀주세요. 대충 묻히면 튀김옷이 너덜거리는 현상을 보실 수 있으니 꼼꼼히 묻혀주세요.

7 냄비에 튀김용 식용유를 넉넉히 담고 180℃가 되면 6의 반죽을 넣고 노릇하게 튀긴 후 건져주세요.

고로케의 속은 다 익혀진 상태라 살짝만 튀기거나 식용유 양을 줄이고 구워도 되지만 역시 고로케는 기름에 푹 튀겨줘야 제맛!

Tip

감자 삶기
전자레인지에 감자 찌기 기능이 없을 때 감자를 3cm 크기로 깍둑썰기 한 후 내열접시에 물 1큰술과 함께 넣고 랩을 씌워 7분 돌리기.
전자레인지가 없을 때 냄비에 물을 넉넉히 담고 감자를 푹 삶은 후 감자가 다 익으면 물을 버리고 약한 불에서 감자를 뒤적이며 수분을 날린 후 사용하기.

소스 없이 먹는
스키야키고로케

제가 정말 좋아하는 스키야키를 감자고로케 속에 넣으면 진짜 최고최고로 맛있어요~
간 고기가 들어가는 것과 달리 여기에는 고기랑 양파가 큼직큼직하게 들어가기 때문에 씹는 맛도 있고 간이 달짝지근하게 배어 있어서 따로 소스를 곁들일 필요도 없답니다.
밥반찬으로도 좋지만 저는 갓 튀긴 스키야키고로케를 키친타월로 감싸 호호 불면서 간식으로 먹는 걸 제일 좋아해요!

すき焼きコロッケ

스끼야키고로케

Ready >> 2인분

주재료 감자(大) 1+1/2개, 양파(中) 1/4개, 돼지고기 얇게 썬 것 80g
양념 재료 간장 2큰술, 설탕 1큰술, 미림 2큰술, 물 2큰술
튀김옷 재료 달걀 1개, 밀가루 적당량, 빵가루 적당량

Recipe

1 양파는 1cm 두께로 썬 다음 반으로 한 번 더 썰어주세요. 돼지고기 얇게 썬 것은 듬성듬성 한입 크기로 썰어주세요.

2 프라이팬에 양념 재료를 넣고 돼지고기와 양파를 넣은 다음 국물이 거의 없어질 때까지 자작하게 조려주세요.

3 감자의 껍질을 벗기고 찬물에 잘 씻어주세요. 물기가 있는 상태에서 감자를 내열 접시에 담아 랩을 대강 덮고 전자레인지를 이용해 찐 후 곱게 으깨주세요.

4 으깬 감자와 2의 고기를 넣고 잘 섞은 다음에 둥글넓적하게 모양을 만들어주세요.

5 4의 반죽에 밀가루 → 달걀 → 빵가루를 순서대로 골고루 묻혀 180℃ 기름에서 노릇하게 튀겨내면 완성!

クリームコロッケ

크리무고로케

느끼하지 않아요~ 고소해요~
옥수수크림고로케

크림고로케는 만들기 어려워서 사 먹어야만 할 거 같지만 이거 사실 만들기 쉬워요! 전 옥수수를 넣었지만 옥수수 대신 새우를 넣으면 새우크림고로케, 게살을 넣으면 게살크림고로케가 된다는 거. 크림에 치즈까지 들어간 데다 튀기기 때문에 느끼하지 않을까 걱정된다면 케첩에 타바스코소스를 살짝 뿌려서 찍어 먹어보세요. 느끼함은 저리 가고 그 고소함에 홀딱 반해요.

Ready » 2인분

주재료 화이트소스 2국자, 통조림 옥수수 4큰술, 치즈 가루 1/2 큰술, 피자치즈 1큰술, 소금·후추 약간씩

튀김옷 재료 달걀 1개, 밀가루 적당량, 빵가루 적당량

Recipe

1
화이트소스, 옥수수, 치즈 가루를 프라이팬에 넣고 수분을 날리듯 약한 불에서 뒤적여주세요.

2
피자치즈를 넣고 녹여 전체적으로 꾸덕꾸덕해지면 불을 꺼주세요. 이미 화이트소스에 간이 되어 있지만 싱거우면 소금, 후추를 더해주세요.

3
넓적한 그릇에 2의 반죽을 넣고 냉장고에서 차갑게 식혀주세요. 이렇게 하면 한 층 더 꾸덕꾸덕해지는데 손으로 뭉쳤을 때 모양이 그대로 있을 정도가 돼야 해요.

4
손이나 숟가락으로 3의 반죽을 한입 크기로 덜어 밀가루 → 달걀물 → 빵가루 순서로 튀김옷을 입혀주세요.

5
180℃ 기름에 4의 반죽을 넣어 순식간에 튀겨주시면 크림고로케 완성!

속이 부드러운 크림이라 터지기 쉬우므로 뜨거운 기름에 후딱 튀겨야 해요.

かき揚げ
카키아게

채소의 단맛이 살아 있는
채소튀김

보통 카키아게는 채소와 함께 조개살이나 새우 등을 넣고 만들지만
오늘은 채소만으로 만들어봤어요. 실은 집에 채소밖에 없었어요. ㅜ.ㅜ
막 튀겨낸 따끈따끈한 채소튀김은 채소의 단맛이 그대로 살아 있답니다.
카키아게는 한 번에 왕창 만들어서 식힌 다음 랩으로 낱개로 싸서 냉동실에 얼려두면
전자레인지로 가볍게 데운 후 떡볶이에 곁들여 먹거나 우동이나 소바 위에 얹어
두고두고 맛나게 먹을 수 있어요.

Ready >> 2인분

주재료 고구마(小) 1개, 양파(小) 1/2개, 당근(小) 1/4개, 우엉 1/4개, 튀김가루 10큰술, 물 10큰술, 식용유 적당량

소스 재료 물 8큰술, 면쯔유 2큰술

Recipe

1 양파와 고구마, 당근은 적당한 굵기로 채 썰어주세요.

2 우엉도 껍질을 벗겨 채 썬 후 찬물에 씻어주세요.

3 채 썬 채소를 볼에 담고 튀김가루와 물을 넣고 섞어주세요. 튀김가루가 없을 땐 밀가루 6큰술, 달걀 1개, 소금 약간을 넣어주세요.

4 튀김 모양 잡기가 어려울 땐 알루미늄 뒤집개 위에서 모양을 만들면 쉬워요.

5 180℃ 기름에 노릇노릇하게 튀긴 후 소스 재료를 잘 섞어서 곁들여 내주세요.

굴미소조림

미소의 깊은 맛이 밴

굴은 식감 때문인지 향 때문인지 싫어하는 사람은 진짜 싫어하고
좋아하는 사람은 없어서 못 먹고 그렇더라고요.
저야 물론 후자! 신랑이랑 같이 생굴 먹었는데 신랑만 식중독 걸리는 걸 보면 굴도 절 사랑하나 봐요.(뭐라는겨?)
바다의 향이 가득한 굴을 달짝지근하면서 깊은 맛의 미소된장으로 조려준 굴조림은
겨울에 먹으면 최고로 맛있는 요리예요.
따끈한 밥 위에 금방 만든 굴조림을 곁들이면 한 그릇은 뭐 코로도 먹을 수 있으세요!

카키노미소니

牡蠣のみそ煮

Ready ≫ 2인분

주재료 굴 120g, 파 1/2개

양념 재료 미소된장 1+1/2큰술, 설탕 1+1/2큰술, 미림 1큰술, 요리술 1큰술, 물 4큰술

Recipe

1. 파는 3cm 길이로 썰어주세요.

2. 굴은 찬물로 헹궈 물기를 빼주세요.

3. 양념 재료는 미리 잘 섞어주세요.

4. 냄비에 3의 양념을 넣고 파를 넣은 후 파가 익을 때까지 센 불로 끓여주세요.

5. 굴을 넣고 굴이 익을 때까지 더 끓인 다음 불을 꺼주세요.

6. 그릇에 굴과 파를 건져낸 후 남은 양념 국물이 걸쭉해질 때까지 더 끓여주세요. 알맞게 졸여진 국물을 굴과 파에 뿌려주면 끝!

일본에서도 즐겨 먹는 보드라운 그 맛!
화이트크림소스 그라탱

화이트소스를 이용한 그라탱 레시피예요.
요리할 줄 모를 땐 화이트소스는 무조건 사 먹어야 하는 걸로만 알았는데
화이트소스를 집에서 만들어본 후로는 그라탱도 쉽게 만들게 되었어요.
피자치즈의 짭조름하고 고소한 맛이 부드러운 화이트소스와 정말 잘 어울린답니다.
느끼한 게 싫을 땐 피자치즈를 뿌리기 전에 토마토소스를 곁들여주면
라자니아 같은 맛이 나면서 느끼함이 한결 덜해져요. 핫소스를 뿌려 먹어도 맛나고요.

グラタン
그라탱

Ready >> 2인분

주재료 펜네 2주먹, 새우 4마리, 양파(中) 1/4개, 우유 5큰술, 화이트소스 2국자, 콩소메 1/2작은술, 버터 1작은술, 피자치즈 적당량

Recipe

마카로니도 괜찮아요. 스파게티면을 뚝뚝 분질러서 넣어도 돼요~

1. 양파는 1cm 두께로 채 썰고 새우는 껍질을 벗기고 내장을 뺀 후 반으로 저며 준비해주세요.

2. 프라이팬에 버터 1작은술을 넣고 중간 불에서 양파를 볶다가 흐물흐물해지면 새우를 넣고 좀 더 볶아주세요. 그런 다음 우유를 넣고 끓어오르면 불을 꺼주세요.

3. 냄비에 넉넉히 물을 넣고 끓으면 펜네를 삶아주세요.

4. 양파를 볶은 프라이팬에 삶아서 물기를 뺀 펜네를 넣고 화이트소스 2국자를 넣어주세요. 너무 되직하면 우유를 더 부어 묽기를 조절해주세요.

5. 4에 콩소메를 넣고 잘 섞어주세요.

6. 오븐 용기에 크림소스를 버무린 펜네를 담고 피자치즈를 뿌린 다음 오븐토스터나 그릴을 이용해 치즈가 노릇해질 정도로 구워주면 끝!

酢豚

수부타

일본에서는 탕수육을 이렇게 만들어요~
수부타

일본에도 탕수육이 있는데 한국과 다른 점이 있다면
돼지고기를 엄청 큼직큼직하게 썬다는 거예요.
일본 탕수육은 밖에서 사 먹으면 튀김옷이 너무 두꺼워서 내가 고기를 씹는 건지
튀김옷을 씹는 건지 알 수가 없는 경우가 종종 있더라고요.
집에서 해 먹으면 더 저렴하면서 고기의 맛을 즐길 수 있으니까 요즘은 걍 집에서 먹고 있어요.
소스 만들 때 흑식초를 넣으면 독특한 향이 있어 더 감칠맛 나는 소스를 만들 수 있답니다.

Ready >> 2인분

주재료 돼지고기 등심 200g, 양파(中) 1/2개, 피망 1개, 당근 1/4개, 소금·후추 약간씩, 녹말가루 3큰술

소스 재료 식초 3큰술, 설탕 3큰술, 간장 1큰술, 케첩 1큰술, 물 4큰술

녹말물 재료 녹말가루 1큰술, 물 1큰술

Recipe

1 양파는 준비한 양의 반만 한입 크기로 썰고 피망과 당근도 한입 크기로 적당히 썰어주세요.

2 돼지고기는 네모지게 큼직큼직 썰어주세요. 남은 양파를 강판에 갈아 고기가 부드러워지도록 넣고 30분간 재워주세요. 돼지고기는 등심 말고 안심이나 목살 쓰셔도 돼요. 기름기 없는 부위면 다 OK.

3 고기를 재는 동안 냄비에 소스 재료를 넣고 끓어오르면 녹말물을 넣어 걸쭉하게 농도를 맞춰주세요.

4 재어둔 고기를 가볍게 헹궈 양파를 씻어내고 소금, 후추를 약간 뿌린 다음 녹말가루 3큰술을 넣고 잘 버무려주세요.

5 160℃ 기름에 4의 돼지고기를 속이 익도록 튀긴 후 건져주세요. 그런 다음 다시 190℃ 기름에 한 번 더 후딱 튀겨서 겉이 바삭바삭해지도록 해주세요.

6 고기를 다 튀긴 뒤 1의 썰어놓은 채소를 넣고 10초 정도만 튀긴 뒤 건져내 기름기를 빼주세요. 튀긴 고기와 채소를 그릇에 담고 3의 소스를 곁들여 내주세요.

6 가족요리
함께 먹으면 더 맛있는

오코노미야키 | 히로시마풍 오코노미야키 | 치보의 오코노미야키 | 몬자야키
| 스키야키 | 유도후 | 샤브샤브 | 스팀샤브샤브 | 카라아게 | 채소모듬튀김 |
테마키즈시 | 치라시즈시 | 춘권 | 야키교자 | 주시교자 | 다이콘교자

お好み焼き
オコノミヤキ

겉은 바삭하고 속은 부드러운
오코노미야키

오코노미야키는 양배추를 넣은 밀가루 반죽에
자기가 좋아하는 재료를 더해 구워 먹는다 해서
오코노미(お好み, 좋아하는 방식)야키라는 이름이 붙었다고 해요.
지역마다 재료나 굽는 방식이 달라 이름도 다양한데
여기에서는 돼지고기를 넣는 가장 기본적인 레시피를 소개합니다.
찬장 구석탱이에 숨겨놨다가 명절날 전 부칠 때만 쓰는 전기프라이팬을 꺼내 상에서 바로
오코노미야키를 구우면 만드는 재미도 있고 따끈하게 먹을 수 있어서 더욱 좋죠.
여기에 얼음잔에 담은 차가운 맥주 한 잔이면… 캬아~

Ready >> 2장분

주재료 오코노미야키 가루(또는 밀가루) 100g, 물 100cc, 양배추(中) 1/4통, 파 1/2개, 달걀 3개, 돼지고기 삼겹살 얇게 썬 것 100g, 베니쇼가·마른 새우·텐카츠 약간씩, 식용유 적당량

고명 재료 오코노미야키소스(또는 돈가스소스) 적당량, 마요네즈 약간, 가츠오부시 약간

Recipe

> 베니쇼가, 마른 새우, 텐카츠가 없을 땐 조미 오징어를 잘게 썰어 넣으셔도 돼요.

1 오코노미야키 가루에 달걀 1개와 물을 섞어 멍울지지 않게 잘 풀어주세요. 오코노미야키 가루가 없을 땐 밀가루에 소금 약간과 혼다시 1/2작은술을 넣어 사용해주세요.

2 양배추와 파는 잘게 썰어 섞고,

3 그릇에 1의 반죽과 2의 채소를 반반씩 넣고 달걀 1개를 넣어요. 여기에 베니쇼가, 마른새우, 텐카츠를 넣고 잘 섞어 1인분 양의 오코노미야키 반죽을 만들어주세요.

4 전기프라이팬을 데운 후 식용유 1큰술을 둘러주세요. 3의 오코노미야키 반죽을 올려 동그랗게 모양을 잡은 다음 밑이 노르스름해질 정도로 구워주세요.

5 적당히 구워지면 위에 삼겹살을 이불 덮듯 얹은 다음 뒤집어주세요. 속도 익혀야 하기 때문에 꼭 중간 불로 뭉근하게 구워주세요.

6 삼겹살이 익으면 다시 뒤집어주세요. 속이 덜 익었으면 약한 불로 바꾼 후 프라이팬 뚜껑을 덮어 5분 정도 놔두세요.

> 마요네즈는 위생비닐에 2큰술 정도 짜넣고 작은 구멍을 만들어 뿌려주세요.

7 오코노미야키소스를 뿌린 후 마요네즈를 뿌리고 그 위에 가츠오부시를 얹으면 완성.

아삭한 채소와 고소한 야키소바가 가득!
히로시마풍 오코노미야키

지역별 오코노미야키 중에 오사카와 히로시마 오코노미야키가 특히 유명해요.
오사카풍은 오코노미야키 위에 숙주가 들어간 야키소바가 얹혀 있어 볼륨감이 있고
히로시마풍은 채소가 듬뿍 들어가고 밀가루 반죽이 적어 가볍게 먹기 좋아요.
저는 채소의 아삭아삭함에 빠져 히로시마풍 오코노미야키를 좋아하는데
푸짐한 야키소바 때문에 한 장만 구워 먹어도 배가 불러요.
라고 쓰고 "무조건 두 장 구워 먹습니다"라고 읽습니다.

広島風お好み焼き

히로시마후오코노미야키

Ready >> 2장분

주재료 야키소바면 1인분, 숙주 2주먹, 양배추(小) 1/4통, 파 1/4개, 돼지고기 얇게 썬 것 50g, 달걀 2개, 오코노미야키소스 적당량, 식용유 적당량

반죽 재료 물 240cc, 밀가루 100g, 소금 약간

Recipe

1

양배추와 파는 적당한 크기로 채 썰고 숙주는 찬물에 가볍게 헹궈 물기를 빼주세요. 채소와 반죽을 섞는 게 아니라 그냥 얹을 거라서 잘게 썰면 뒤집을 때 채소가 이리저리 튀어 좋지 않아요.

2

반죽 재료를 모두 넣고 뭉치지 않게 잘 풀어주세요.

3

전기프라이팬을 데운 후 식용유를 약간 두르고 2의 반죽을 크레이프 만들듯 얇고 동그랗게 펼치고,

4

그 위에 준비한 양배추, 파, 숙주를 올려주세요.

이 위에 베이컨이나 마른새우, 텐카츠, 오징어도 등을 얹어주시면 더 맛있어요.

5

채소 위에 돼지고기를 덮어준 후 2의 반죽을 조금 뿌려 화끈하게 확! 뒤집어주세요. 반죽은 채소들끼리 조금이라도 뭉쳐 있으라고 넣는 거랍니다.

뒤집을 때 채소가 막 튀어나오면 주걱 밑에 먼지 감추듯 채소를 안쪽으로 마구 쑤셔 넣어주세요.

6

고기가 익는 동안 팬 한쪽에 야키소바면 1/2인분을 오코노미야키소스(또는 야키소바소스)에 볶아 동그랗게 만들어주세요. 여기에 굽고 있던 오코노미야키 반죽을 얹어주세요.

7

노른자를 터뜨린 달걀프라이를 만든 다음 6의 오코노미야키를 올려주세요. 그런 다음 다시 뒤집어서 오코노미야키소스를 얇게 뿌려주면 완성! 나머지 1장도 이렇게 구워주세요.

千房のお好み焼き

치보노오코노미야키

보들보들한 식감이 좋은
치보의 오코노미야키

오사카에 놀러 갔을 때 오코노미야키 전문점인 '치보'에서 오코노미야키를 먹었어요.
한입 베어 먹은 후 "여태 먹은 오코노미야키는 오코노미야키가 아니었어!"라며
감동의 눈물 콧물을 흘렸다는 거!
다른 오코노미야키와 달리 정말 속이 보들보들 부드러운 데다
큼직큼직하게 들어 있는 해물과 고기의 씹는 맛이 완전 환상이었어요!!
저희 동네에는 치보 분점이 없어서 집에서 따라 해 먹어봤는데
치보와 거의 비슷하다며 신랑에게 무한 칭찬을 받았어요.

Ready >> 2장분

주재료 양배추(中) 1/4통, 파 1/2개, 곤약 30g, 돼지고기 50g, 냉동 해물믹스 1주먹, 피자치즈 약간, 식용유 적당량

반죽 재료 오코노미야키 가루(또는 밀가루) 100g, 물 80cc, 참마 간 것 1큰술, 달걀 2개

고명 재료 오코노미야키소스(또는 돈가스소스), 마요네즈 약간, 가츠오부시 약간

Recipe

1. 양배추와 파는 아주 잘게 썰고, 돼지고기와 해물은 한입 크기로 자르고, 곤약은 2cm 크기로 깍둑썰기한 후 뜨거운 물에 데쳐주세요. 해물은 오징어만 넣어도 괜찮아요. 씹는 맛을 위해서 곤약을 넣는 거라 다른 해물을 더 넣고 곤약을 생략해도 돼요.

2. 반죽 재료 중 달걀흰자만 빼고 다 섞은 후 냉장고에서 10분 이상 숙성시켜주세요. 이렇게 하면 밀가루 냄새가 사요나라~ 오코노미야키 가루가 없을 땐 밀가루에 소금 약간, 혼다시 1/2작은술을 넣어 사용하시면 돼요.

흰자가 하얗게 될 때까지 거품기로 저으면 공기가 많이 들어가 보송보송한 오코노미야키가 돼요.

3. 달걀흰자는 거품기로 저어 하얗게 거품을 세워주세요.

4. 썰어놓은 양배추와 파를 2의 숙성시킨 반죽 재료와 잘 섞은 후 3의 흰자 거품을 넣고 가볍게 섞어주세요.

5. 전기프라이팬을 데운 후 식용유 1큰술을 넓게 펴 바른 뒤 4의 오코노미야키 반죽을 동그란 모양으로 올려 구워주세요. 한쪽에서는 따로 해물과 돼지고기를 구워주세요.

6. 돼지고기와 해물이 익으면 곤약과 함께 오코노미야키 반죽 위에 올려주세요. 반죽 밑이 노르스름하게 구워지면 뒤집어 뚜껑을 덮고 5분간 더 익혀주세요.

나머지 1장도 같은 방법으로 만들어주세요.

다시 뒤집어 피자치즈를 올리고 뚜껑을 덮어 굽다가 치즈가 녹아내리면 꺼내서 소스와 마요네즈를 뿌려주면 끝.

못생겨도 맛은 최고라는 거!
몬자야키

처음에 몬자야키 전문점에서 얘를 처음 만났을 때
생긴 게 참… 식욕이 안 당기게 생겨서 맛도 왠지 별로일 거 같았는데
이게 웬일! 너무 맛있는 거예요. 특히 시원한 맥주랑 궁합 최고.
뜨거울 때 먹어야 제맛이라 전기프라이팬에서 구우면서 바로바로 먹는데
팬에 눌어붙게 해서 먹으면 짭조름해져 더 맛있어요.
생긴 거에 헉! 하실지 모르지만 맛은 정말 좋아요.

もんじゃ焼き
몬자야키

Ready >> 2인분

주재료 양배추 1/8통, 명란젓 1/2덩이, 냉동 해물믹스 1주먹, 피자치즈 2큰술, 식용유 적당량

반죽 재료 밀가루 3큰술, 물 300cc, 간장 1/2작은술, 우스터소스 1+1/2큰술, 설탕 1/2큰술

Recipe

> 오코노미야키와는 달리 수분이 많은 반죽이에요.

1 반죽 재료를 모두 넣고 뭉치지 않게 잘 풀어주세요.

2 양배추와 해물은 잘게 썰고 명란젓은 듬성듬성 썰어주세요. 해물은 오징어나 새우 정도만 넣어도 충분해요. 옥수수나 떡, 토마토 등을 넣기도 합니다. 양배추를 기본으로 넣고 싶은 재료 편하게 넣으시면 돼요.

3 1의 반죽에 2의 재료와 피자치즈를 넣고 섞어주세요.

4 전기프라이팬을 데운 후 식용유를 약간 둘러 키친타월로 닦아내고,

5 팬이 뜨겁게 데워지면 반죽에서 건더기를 꺼내 가볍게 볶은 후 도넛 모양을 만든 다음 가운데에 반죽물을 넣어주세요.

6 반죽이 보글보글 끓어오르면 뒤집개로 잘 섞으면서 그대로 익혀 밑이 갈색으로 눌어붙게 해요. 약한 불로 바꿔준 다음 작은 숟가락으로 가장자리부터 조금씩 덜어 뜨거울 때 먹으면 됩니다. 보통은 작은 전용 헤라로 굽고 있는 반죽을 조금씩 덜어 팬에 눌러가며 바삭바삭하게 구워서 먹지만 이렇게 처음부터 눌어붙게 만들어서 먹어도 맛은 같아요.

꼭 날달걀에 찍어 드세요!
스키야키

"일본 음식 중에 뭘 가장 좋아하세요?"라고 물으신다면 전 초밥, 라멘, 오코노미야키 중에서 고민 좀 때리다가 결국엔 "스!키!야!키!"를 외칠 거예요. 소고기와 채소를 넣고 살짝 익혀서 날달걀에 푹 찍어 먹으면 달콤짭조름한 양념을 달걀이 부드럽게 감싸 정말 환상의 맛을 내요! 저도 처음에는 "무슨 날달걀을 찍어 먹어? 비리지 않을까?" 했는데 한입 먹어보고 스키야키와 날달걀에게 급 배꼽사과를 날렸어요.
속는 셈 치고 날달걀에 꼭 한번 찍어 먹어보세요!!

Ready ≫ 2인분

주재료 소고기 등심 얇게 썬 것 200g, 파 1/2개, 표고버섯 2개, 배추 1/8포기, 두부 1/3모, 실곤약 1주먹, 팽이버섯 1/2개, 쑥갓 적당량, 달걀 1개, 식용유 약간

양념 재료 설탕 3큰술, 간장 100cc, 미림 100cc

스키야키

Recipe

표고버섯은 제가 스키야키에서 먹어보고 완전 사랑에 빠졌어요. 꼭 넣어주세요!

1 팽이버섯은 밑동을 잘라내고 물에 가볍게 씻어주세요. 표고버섯은 밑동을 제거한 후 십자 칼집을 내주세요.

2 배추와 두부는 먹기 좋은 크기로 썰고 실곤약과 쑥갓은 듬성듬성 썰어주세요. 파는 어슷하게 썰어주세요.

식용유 대신 소고기기름을 칠하고 구우면 더 고소해요.

3 프라이팬에 식용유 1작은술을 두르고 중간 불에서 소고기를 펼친 다음 설탕 3큰술을 먼저 뿌리고 간장과 미림을 뿌려서 한쪽으로 밀어놔주세요.

4 여기에 채소와 곤약, 두부를 예쁘게 정리해서 넣고 뚜껑을 덮어 5~10분 정도 끓인 다음 달걀물에 찍어 드세요!

두부의 참맛이 느껴지는
유도후

일본 여행을 가시는 분들께 전 도쿄보다는 교토를 추천해요. 도쿄는 서울하고 별 차이도 못 느끼겠지만 교토는 옛 일본의 정취를 느낄 수 있거든요. 교토에 가면 간수부터 직접 만들어 손두부를 만드는 곳이 있는데 진짜 유명해요. 이 두부는 다시마 육수에 데워 간장에 찍어 먹는 건데 교토에서 이렇게 먹으면 1인당 3만 원이 들어요. -_-;;
3만원을 아껴보자는 일념으로 만든 레시피입니다.

Ready » 2인분

주재료 연두부 1모, 파 1/5개, 다시마 육수 400cc, 가츠오부시 1주먹, 다시마 5cm 1도막

양념 재료 간장 50cc, 미림 1작은술, 요리술 1작은술

연두부는 먹기 좋은 크기로 썰고,

파는 잘게 송송 썰어주세요.

양념 재료를 분량대로 섞어서 작은 도자기 그릇에 담습니다.

다시마 육수를 다시마와 함께 나베에 넣고 가운데에 3의 양념을 넣어둔 도자기 그릇을 얹고 연두부를 넣고 끓여 따뜻하게 만든 다음, 두부만 건져서 파와 가츠오부시 그리고 함께 데운 양념을 뿌려 드세요~

온 가족이 모였을 때 단골 메뉴!
샤브샤브

샤브샤브는 한국에서도 가족들과 함께
자주 만들어 먹는 일본 요리 중에 하나예요.
간단히 채소만 썰고 육수는 끓이기만 하면 땡이라
준비 시간은 30분도 안 걸리는데
푸짐해보이고 다들 좋아해서 집들이나
가족모임을 위한 요리로 딱이걸랑요.
샤브샤브 다 먹고 칼국수나 우동을 끓여 먹거나
찬밥 넣고 죽을 만들어 먹으면
기가 막히게 맛있죠잉~

 **2인분**

주재료 샤브샤브용 돼지고기 200g, 배추 1/8포기, 팽이버섯 1/2개, 파 1/4개, 표고버섯 2개, 깨 소스 적당량, 폰즈 적당량

육수 재료 다시마 육수 1000cc, 면쯔유 2큰술

Recipe

1 다시마 육수를 만들고 면쯔유 2큰술을 넣어주시기만 하면 육수 만들기는 끝~ 간은 심심하게 맞춰주세요.

2 파는 어슷하게 썰고 배추는 먹기 좋은 크기로 썰어주세요. 표고버섯은 밑동을 잘라내고 위에 십자 칼집을 내고, 팽이버섯은 뿌리 부분을 잘라주세요.

3 손질한 채소를 예쁘게 담아주세요. 손님용으로 내놓을 땐 꽃 모양으로 깎은 당근을 샤라라락 얹어주면 꽤 그럴싸해집니다요.

4 샤브샤브용 돼지고기는 육수에 넣기 쉽게 1장씩 펼쳐 포갠 다음 샤브샤브 깨 소스랑 폰즈를 함께 내주세요.

> 소고기나 돼지고기 아무거나 쓰셔도 돼요. 단, 소고기는 살짝만 익히면 되지만 돼지고기는 제대로 익혀 드셔야 해요!

蒸ししゃぶ

무시샤브

일본 연예인 레시피 따라 해봤어요~
스팀샤브샤브

TV를 보다가 한 일본 남자 연예인이 자주 해 먹는다는 레시피를 보고 따라 해봤는데 왕간단하고 진짜 맛있어서 그 이후 자주 해 먹고 있어요. 샤브샤브라는 이름이지만 일반적인 샤브샤브랑은 소스만 같고 많이 달라요. 하지만 맛은 샤브샤브 뺨칠 정도로 좋아요. 특히 느끼하지 않고 칼칼한 소스가 아주 짱입니다요.

Ready ≫ 2인분

주재료 숙주 400g, 파 1/3개, 당근 1/4개, 샤브샤브용 돼지고기 150g, 요리술 3큰술, 후추 약간

소스 재료 깨 소스 적당량, 다진 마늘 1/2작은술, 고추기름 1작은술

Recipe

1 숙주는 찬물에 잘 헹궈서 물기를 빼주고 파와 당근은 얇게 채 썰어주세요.

2 냄비에 물기 뺀 숙주를 넣고 그 위에 파와 당근을 얹어주세요. 숙주는 익히고 나면 양이 확 줄기 때문에 처음에 양 많다고 놀라실 필요 없어요~

3 숙주가 춥지 않도록 샤브샤브용 돼지고기를 펼쳐서 잘 덮어준 다음, 요리술 3큰술과 후추 약간을 뿌려 뚜껑 덮고 센 불에서 끓여주세요. 돼지고기가 하얘지면 불을 끄고 먹을 준비!

4 시판 샤브샤브 깨 소스에 다진 마늘과 고추기름을 넣고 잘 섞어 소스를 만들어서 채소를 감싼 돼지고기를 찍어 드세요~

唐揚げ
카라아게

겉은 바삭하고 속은 주시한 닭튀김
카라아게

치느님을 사랑하시나요?
치느님 3장 2절 "스스로 닭털 뽑아 녹말가루로 하얗게 분칠하고
펄펄 끓는 식용유에 자신의 몸을 담그사 치느님으로 환생하였다. 칠렐루야!"
맥주 안주로도 밥반찬으로도 잘 어울리는 카라아게예요.
이 레시피대로 하면 진짜 겉은 바삭바삭 하면서 속은 육즙이 좔좔 흘러 나오는
제대로 된 닭튀김을 맛볼 수 있어요.
치느님을 사랑하신다면 꼭 한번 만들어보세요!!

Ready » 2장분

주재료 닭다리살 280~300g, 밀가루 1큰술, 녹말가루 1큰술, 식용유 적당량
양념 재료 간장 1큰술, 요리술 3큰술, 후추 약간
소스 재료 파 1/2개, 간장 1큰술, 물 2큰술, 식초 1/2큰술, 설탕 1/2작은술, 참기름 1/2작은술

Recipe

1

닭다리살은 큼직큼직하게 썰어주세요. 큼직하게 썰어야 육즙이 좔좔~

2

양념 재료를 고루 섞은 다음 닭고기를 넣고 랩을 씌워 냉장고에 1시간 이상 재어주세요. 잘 자라~ 우리 닭아~

3
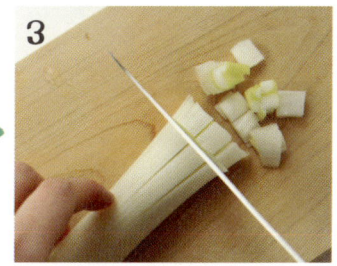
닭고기를 재는 동안 파를 깍둑썰기해주세요.

4

소스 재료를 잘 섞은 다음 파를 넣어 향이 잘 퍼지게 해주세요. 전 유난히 파를 좋아해서 많이 넣어 먹어요. 파 향수가 있다면 뿌리고 다닐 거야잉~

5

> 녹말가루와 밀가루 비율 1:1 꼭 지켜주세요. 이렇게 만들어야 겉은 바삭바삭, 속은 촉촉한 닭튀김이 돼요!

닭고기를 위생비닐에 넣고 밀가루와 녹말가루를 1 : 1 비율로 넣어 잘 섞은 다음 꺼내서 10분간 놔두세요. 이렇게 하면 고기에 가루가 밀착되어 튀길 때 기름이 지저분해지지 않아요.

6

160℃ 기름(젓가락을 넣었을 때 천천히 거품이 올라오는 정도)에 천천히 튀기다가 옅은 갈색 빛이 돌면 꺼내 식혀줍니다. 그런 다음 기름 온도를 190℃로 올려 한 번 더 가볍게 튀겨주세요. 4의 소스를 함께 내면 끝!

바삭한 일본식 튀김의 비법 알려드립니다!
채소 모듬튀김

바삭바삭한 튀김 만드는 비법으로 맥주, 찬물 등이 있는데
이것저것 다 해본 결과 정말 간단한 방법이 최고의 비법이라는 걸 깨닫게 되었어요.
바삭한 튀김의 비법 1. 튀김 반죽에 얼음을 꼭 넣어주세용~
바삭한 튀김의 비법 2. 튀김 반죽을 묽게 만들어주세용~
바삭한 튀김의 비법 3. 튀김 가루를 제대로 섞지 말아 주세용~
요 세 가지만 지켜주시면 튀김 먹을 때마다 바삭바삭한 소리가 들린답니다.

野菜の天ぷら

야사이노덴푸라

Ready >> 2인분

주재료 가지 1/2개, 피망 1개, 단호박 얇게 썬 것 2장, 식용유 적당량, 참기름 2큰술
튀김옷 재료 튀김가루 4큰술, 찬물 100cc, 얼음 약간

Recipe

1

가지는 씻어서 반으로 가른 다음에 꽁지 부분 2cm를 남기고 나머지는 1cm 두께로 칼질을 해주세요. 이렇게 해주면 모양도 좋고 익는 시간도 단축됩니다.

2

피망은 씻은 후 꼭지를 자르고 반으로 갈라 씨 부분을 제거해주세요.

3

단호박은 껍질째 1cm 두께로 얄팍하게 썰어주세요.

반죽이 묽고 가루 덩어리가 남아 있어 좀 이상하다 싶을 수도 있는데 이게 바로 얇고 바삭한 튀김옷의 비밀이랍니다.

4

볼에 튀김가루와 준비해놓은 채소를 넣고 잘 섞은 후 가루를 가볍게 털어내면서 다른 접시로 옮겨주세요.

5

남은 튀김가루에 찬물 100cc를 넣고 얼음 1~2조각을 넣어주세요. 나무젓가락으로 가볍게 섞어 작은 가루 덩어리가 남을 정도로 만든 후 얼음을 빼내주세요.

6

튀김가루를 묻혀놓은 4의 채소를 5의 튀김 반죽에 퐁당 담근 후,

7

참기름을 섞어 튀기면 고소함이 한층 살아나요!

식용유에 참기름 2큰술을 넣어 180℃로 달군 후 6의 재료를 재빨리 튀겨주세요.

Tip

튀김 찍어 먹는 소스 만들기
튀김은 그냥 간장보다는 면쯔유 1+1/2큰술에 뜨거운 물 100cc를 섞은 것에 찍어 먹으면 훨씬 맛있답니다. 혹은 소금과 녹차가루를 섞어 찍어 먹어도 색다르고 좋아요.

手巻き寿司
테마키즈시

가족들과 함께 만드는 손말이초밥
테마키즈시

가족들과 특별하게 만들어 먹기 좋은 손말이초밥이에요.
요 손말이초밥은 조금만 만들면 준비 과정이 조금 귀찮지만
온 가족이 모이거나 손님이 많은 경우에는 다른 여러 가지 음식을 준비하는 것보다
손이 덜 가면서도 꽤 푸짐해 보이기 때문에 뭔가 좀 생색나는 음식이에요.
미리 말아서 내면 먹기 편할 것 같아도 김이 눅눅해져서 별로예요.
재료와 앞접시를 내서 각자 직접 만들어 먹는 게 제일 맛있게 먹을 수 있는 방법입니다.

Ready » 2장분

주재료 밥 2공기, 김밥용 김 5장, 생선회 적당량, 단달걀말이 적당량, 오이 1/2개, 상추 4장, 와사비 적당량, 간장 적당량

배합초 재료 식초 3큰술, 설탕 2+1/2큰술, 소금 1/2작은술

Recipe

1

배합초 재료를 한데 넣고 설탕이 잘 녹도록 섞어주세요.

2

뜨거운 밥에 1의 배합초를 조금씩 넣으며 밥을 완벽하게 식혀주세요. 밥할 때 다시마를 넣어주면 더 맛있어요.

3

밥을 식히는 동안 생선회와 단 달걀말이를 길쭉하게 썰어놓고, 오이는 생선회 길이와 비슷하게 채 썰고 상추는 적당한 크기로 2~3등분 해주세요. 사실 넣고 싶은 것 아~무거나 넣어 드셔도 되기 때문에 굳이 생선회에 연연하지 않으셔도 돼요. 돈가스, 오징어회낫토, 햄, 튀김, 날치알 다 좋습니다. 채소는 무순, 깻잎 등을 더 해줘도 좋아요.

4

김을 4등분해서 꼬마김밥 만들듯이 만드는 게 제일 쉽고 먹기도 좋아요.

3의 초밥 재료와 4등분한 김, 밥, 와사비, 간장, 앞접시를 테이블 위에 세팅해 놓아요~

5

일식집에 판매되는 모양을 만들 때는 김을 2등분한 후 사진처럼 김 위에 밥 → 와사비 → 초밥 재료 순서로 얹고 깔대기 모양으로 말아주시면 됩니다. 간장에 콕 찍어 드세요.

예쁜 생선회를 종류별로~
치라시즈시

초밥을 생각하면 가장 맛있게 먹을 수 있다는 양인 밥알 350톨을 정확히 맞춰 생선회를 얹어줘야 할 거 같아 부담스러운데(〈미스터 초밥왕〉을 너무 봤음 -_-;), 이 치라시즈시 레시피대로 하면 장인 정신 따윈 안드로메다로 날려 보내고 편안한 마음으로 만들어도 예쁜 스시를 뚝딱 만들 수 있답니다.
일본에서는 히나마쓰리(여자 아이들이 건강하게 자랄 수 있도록 비는 전통 축제) 때 이 치라시즈시를 먹는데 전 정신연령이 초딩인 관계로 꼭꼭 챙겨 먹고 있어요~

ちらし寿司

치라시즈시

Ready » 2인분

주재료 원하는 생선회 아무거나 적당량, 김밥용 김 1장, 밥 2공기
배합초 재료 식초 3큰술, 설탕 2+1/2큰술, 소금 1/2작은술
달걀지단 재료 달걀 2개, 물 2큰술, 녹말가루 2작은술
조림 재료 삶은 연근 20g, 당근 약간, 표고버섯 약간, 물 50cc, 요리술 1큰술, 설탕 1큰술, 간장 1큰술

Recipe

1 연근과 표고버섯, 당근을 먹기 좋은 크기로 썰어 나머지 조림 재료와 함께 국물이 자작해질 때까지 끓였다가 식혀주세요.

2 달걀지단 재료를 잘 섞은 후 지단을 부쳐주세요. 녹말가루를 넣으면 끈기가 생겨서 지단이 얇으면서도 잘 찢어지지 않아요. 부친 지단은 가늘게 채 썰어주세요.

3 김밥용 김은 겹쳐서 가위로 가늘게 잘라주세요.

4 배합초 재료를 섞은 후 뜨거운 밥에 조금씩 넣어가며 밥을 식혀주세요.

5 4의 밥에 1의 채소조림을 넣고 잘 섞어주세요.

6 5의 밥을 그릇에 담고 그 위에 달걀지단을 이불 덮듯이 소복이 얹어주세요.

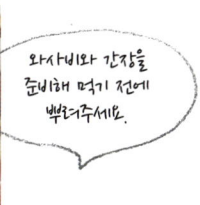

와사비와 간장을 준비해 먹기 전에 뿌려주세요.

7 지단 위에 준비한 생선회나 새우 등을 얹은 후 3의 김을 가운데 뿌려주면 완성. 입맛대로 밥과 회를 함께 떠 드시면 됩니다.

春巻き 하루마키

바삭바삭한 음식의 최고봉!
춘권

바삭바삭한 음식의 최고봉은 춘권이 아닐까 싶어요!
전 춘권을 진짜 좋아하는데 밖에서 사 먹는 건 속에 채소가 거의 없어서
요새는 집에서 채소 듬뿍 넣어서 만들어 먹고 있어요.
요건 속에 간이 제대로 되어 있어서 간장 없이 칼칼한 연겨자만 살짝 찍어 먹어도 된답니다.
지금도 컴퓨터 하면서 간식으로 춘권 5개를 순식간에 해치운 나란 여자… 하아…

Ready >> 10개분

주재료 당면 50g, 돼지고기 150g, 표고버섯 4개, 피망 2개, 삶은 죽순 100g, 춘권피 10장, 식용유 적당량

양념 재료 물 200cc, 설탕 2작은술, 간장 2큰술, 소금 1/2작은술, 굴소스 1작은술, 후추 약간, 참기름 3작은술

녹말물 재료 녹말가루 1큰술, 물 1큰술

1. 당면은 뜨거운 물에 불려서 가위로 막 자른 다음 물기를 빼주세요.

2. 삶은 죽순, 피망, 표고버섯, 돼지고기는 얇게 채 썰어주세요. 돼지고기는 기름기가 없는 부위를 사용해주세요. 돼지고기 간 것을 쓰셔도 돼요.

3. 프라이팬에 식용유 1큰술을 넣고 돼지고기를 볶다가 색이 회색으로 변하면 죽순, 피망, 표고버섯을 넣고 잘 볶아주세요.

4. 물기 뺀 당면과 양념 재료를 섞어 중간 불에서 국물이 자작해질 때까지 끓여주세요.

5. 4에 녹말물을 넣어 끈적임을 준 후 식혀주세요.

6. 춘권피를 펼쳐놓고 5의 재료를 올린 후 한 번 말아준 다음 양옆을 접고 마저 말아주세요. 마지막에 물을 묻혀 춘권피가 풀어지지 않게 고정해주세요. 춘권피가 차가울 땐 1장씩 떼어내기가 어려워요. 사용하기 전에 30분 정도 실온에 놔뒀다가 조심스럽게 떼어주세요.

7. 돌돌 만 춘권을 180℃ 기름에서 노르스름하게 될 때까지 튀겨주면 완성. 속은 다 익은 상태니까 겉만 바삭해질 정도로 후딱 튀기면 됩니다.

바삭바삭 촉촉한 군만두
야키교자

신랑이랑 일본 라멘집에 가면 항상 교자도 시켜 먹어요.
라멘과 같이 먹는 교자는 특히 더 맛나거든요.
군만두이긴 하지만 굽다가 중간에 물을 넣어 스팀으로 익히는 거라
군만두의 바삭함과 함께 찐만두의 부드러움도 즐길 수 있어요.
물에 밀가루를 좀 풀어 중간에 넣어줘서 바삭바삭함을 살리는 것이 비법이랍니다.
찍어 먹는 양념은 식초, 간장에 고춧가루 대신 고추기름을 넣어주면 더 좋습니다.

焼き餃子
야키교자

Ready ≫ 교자 35~40개분

주재료 배추 1/4포기, 파 1개, 돼지고기 간 것 250g, 참기름 1작은술, 만두피 35~40장, 식용유 적당량

양념 재료 마늘 1/2큰술, 소금 1+1/2작은술, 참기름 1큰술, 굴소스 1/2큰술

밀가루물 재료 물 100cc, 밀가루 2작은술

Recipe

1

배추는 잘게 썰어서 소금을 약간 뿌려주세요. 물기가 생기면 손으로 꽉 짜서 물기를 빼주세요. 배추 대신 양배추를 쓰셔도 돼요.

2

파도 잘게 썰어서 1의 배추와 잘 섞어주세요.

3

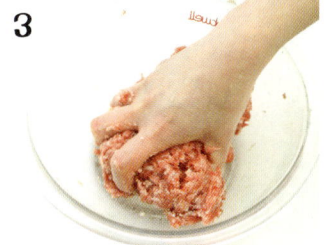

돼지고기는 손으로 주물럭주물럭해서 잘 뭉쳐놓은 뒤,

4

손질한 배추와 파, 양념 재료를 고기와 잘 섞어서 만두소를 완성한 다음 만두를 빚어주세요.

5

달군 프라이팬에 식용유 1/2큰술을 두른 다음 만두를 넣고 밑부분이 갈색이 될 정도로 잘 구워주세요.

6

만두가 구워지면 분량대로 섞어 만든 밀가루물을 프라이팬에 확 뿌리고 바로 뚜껑을 덮어 중간 불에서 5분간 더 익혀주세요.

7

다시 뚜껑을 열고 참기름 1작은술을 넣고 수분을 날리듯 구워주면 바삭바삭하면서도 촉촉한 군만두가 완성됩니다.

집에서 즐기는 육즙 가득한 소롱포의 맛!
주시교자

소롱포는 왠지 밖에서 사 먹어야 할 것 같은 포스를 풀풀 풍겨요.
하지만 집에서도 육즙 좔좔 흐르는 만두를 만들 수 있다는 거!
소롱포는 육즙이 맛있긴 해도 몇 개 먹으면 엄청 느끼한데
이 레시피로 만들면 육즙은 사르르 흐르면서 느끼하지도 않은 바람에
전 밥 두 그릇과 만두 스물다섯 개를 먹는 엄청난 일을 저지르고 말았…
굉장히 뜨겁기 때문에 소롱포 먹을 때처럼 우선 만두피를 젓가락으로 톡 터뜨린 후
국물 먼저 먹은 다음에 교자를 먹어야 해요.
안 그러면 입안에서 폭죽 터지는 기분을 맛볼 수도 있어요.

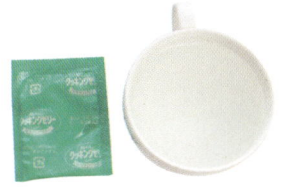

Ready >> 교자 35~40개분

주재료 배추 1/4포기, 파 1개, 돼지고기 간 것 250g, 참기름 1작은술, 만두피 35~40장
육수 재료 물 200cc, 가루 젤라틴 5g, 닭육수가루 2작은술, 면쯔유 1+1/2작은술

Recipe

1 내열용기에 물 200cc를 넣고 전자레인지에 2분 정도 돌린 후 닭육수가루, 면쯔유를 넣어 육즙을 대신할 육수를 만들어요. 여기에 가루 젤라틴을 넣어 뭉치지 않게 잘 섞어주세요.

2 넓적한 통에 1의 재료를 담고 냉장고에 20~30분간 넣어 굳혀주세요.

3 육수가 완벽하게 굳으면 포크를 이용해 십자(十)를 그리며 바가지 긁듯 박박 긁어주세요.

4 준비한 만두소(214쪽 '야키교자' 레시피 참조)에 3의 굳은 육수를 넣고 잘 섞어주세요.

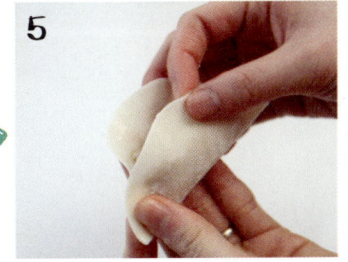

5 만두피 가운데에 4의 재료를 넣고 가장자리에 물을 묻힌 다음 반으로 접어 끝부터 고정해주세요.

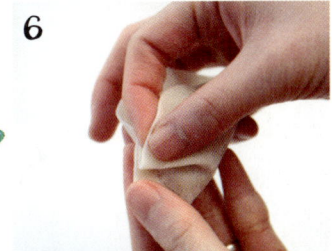

6 한 손으로 만두를 고정하고 한 손으로 만두피를 접어주세요.

> 열을 가하면 만두피 안에 액체가 생기기 때문에 보통 만두보다 더 꼼꼼히 여며주세요.

7 만두피를 3~4번 접어주신 뒤 손가락으로 꾹꾹 눌러서 고정시켜 만두를 완성한 다음 굽거나 찌면 됩니다.

Tip

육즙의 비밀 '젤라틴'
가루 젤라틴은 판 젤라틴과 달리 불릴 필요도 없고 따뜻한 액체에 섞으면 금방 녹기 때문에 굉장히 편리해요. 굳은 젤라틴은 열을 만나면 다시 액체화되기 때문에 육수와 젤라틴을 섞어 소를 만들어 넣으면 만두를 굽거나 쪘을 때 육수가 흘러 나오게 된답니다.

밀가루 대신 무를 이용한 웰빙 만두!
다이콘교자

건강을 위해 밀가루 대신 무를 이용한 만두입니다.
무를 절이고 녹말가루를 약간 뿌려 구워서 그런지
피가 예상외로 쫄깃거리면서도 무 특유의 아삭한 맛도 살아 있어요.
무의 지름이 작으면 만두 크기도 작아서 한입에 쏙 들어가기 때문에
여자분들도 예쁘게 드실 수 있어요.

大根餃子
다이콘교자

Ready 교자 35~40개분

주재료 무 10cm 1도막, 소금 약간, 녹말가루 4작은술, 배추 1/4포기, 파 1개, 돼지고기 간 것 250g, 참기름 1작은술, 식용유 적당량

Recipe

1 무를 껍질 벗긴 다음 슬라이서로 얇게 썰어주세요. 슬라이서를 이용하면 편해요.

2 소금을 약간 집어서 무 위에 샥샥 뿌려 놓으면 무가 기운이 없어지면서 물기가 생겨요. 이걸 키친타월로 닦아주신 다음에 녹말가루 2작은술을 전체적으로 뿌려 놓고,

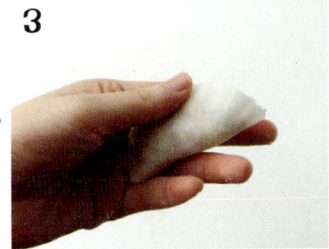

3 무로 만든 피에 준비한 만두소(214쪽 '야키교자' 레시피 참조)를 넣고 반으로 접어주세요. 2장을 포개 크게 만들어주셔도 돼요. 만두소를 차지게 반죽하면 무의 끝을 붙이지 않아도 속이 튀어나오는 일이 없어요~

4 반으로 접은 무만두 위에 또 한 번 녹말가루 2작은술을 전체적으로 뿌리고,

5 달군 프라이팬에 식용유 1작은술을 두르고 만두를 올린 다음 바로 뚜껑을 덮고 약~중간 불에 3분간 익혀줍니다.

뚜껑 덮고 3분간은 만두소를 익히기 위한 것, 뚜껑 열고 3분간은 바삭한 식감을 위한 것입니다~

6 뒤집어서 이번엔 뚜껑 열고 약~중간 불에 3분간 더 구워주면 완성.

술안주
술보다 더 맛있는

소금간장닭꼬치 | 바지락찜 | 칠리새우 | 롤캐비지 | 닭츠쿠네 | 사천식 마파두부 | 치쿠와오뎅튀김 | 문어튀김 | 오징어버터간장구이 | 문어초무침 | 오뎅파무침 | 고추기름오이무침 | 양념냉두부 | 오이치즈오뎅 | 참치회간장절임 | 돼지혀소금구이

焼き鳥

야키토리

겉은 바삭~ 속은 부들부들~
소금간장닭꼬치

닭꼬치 좋아하세요? 전 완전 좋아해요.
껍질은 바삭바삭하고 속은 부드러운 숯불구이 닭꼬치는 그야말로 맥주를 부르는 음식이에요.
애들은 또 향이 기가 막히게 좋아서 밖에서 닭꼬치 파는 데를 발견하면
꼭 두 손에 꼬치를 들게 돼요.
숯불로 구우면 좋지만 집에서 만들 때는 생선 굽는 그릴을 이용하면
불 냄새가 스며 있는 향긋한 닭꼬치를 간단히 만들 수 있어요.

Ready 》》 닭꼬치 4개분

주재료 닭다리살 1도막, 파 1개, 만능간장 소스 2큰술, 소금·후추 약간씩

Recipe

1. 닭고기는 큼직하게 6~8조각으로 썰어주세요.

2. 파는 3cm 길이로 닭고기 덩어리 수와 개수를 맞춰 썰어주세요.

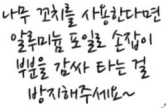

나무 꼬치를 사용한다면 알루미늄 포일로 손잡이 부분을 감싸 타는 걸 방지해주세요~

3. 꼬치에 준비한 닭과 파를 번갈아가며 꽂아주세요.

4. 소금구이, 간장구이 2가지를 만들어볼게요. 소금구이용은 소금·후추를 미리 뿌린 채로, 간장구이용은 소스를 바르지 않은 채로 그릴에 넣어 약한 불에서 13분 정도 초벌구이해주세요.

5. 초벌구이 후 그릴에서 꺼내 소금구이용은 한 번 더 소금·후추를 뿌리고, 간장구이용은 만능간장 소스를 발라준 다음 약한 불에서 5분 더 구워주시면 완성~

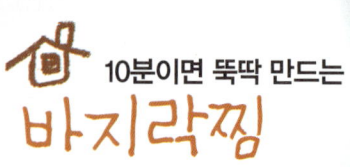

10분이면 뚝딱 만드는
바지락찜

술에 취한 바지락찜이에요.
전 술에 취하면 멍멍이가 되는데(-_-;;) 바지락은 술에 취하면 향이 더욱 깊어지고
버터와 간장의 고소함이 어우러져 자꾸 손이 가는 음식으로 변신해요.
만드는 데 10분도 안 걸리고 딱히 재료를 거창하게 준비할 필요도 없어서
술안주로는 물론 밥반찬으로도 좋아요.
바지락을 술로 익히지만 술 냄새나 맛이 안 나기 때문에
술에 약한 저도 부담 없이 먹으면서 소주 한 병을 비우곤 해요. (잉?)

아사리노사케무시

Ready » 2인분

주재료 바지락 150g, 요리술 2큰술, 파 적당량, 버터 1/2작은술, 간장 1/2작은술

Recipe

1 해감한 바지락을 가볍게 비벼 씻어 헹군 다음 체에 받쳐 물기를 빼주세요.

2 냄비에 바지락을 담고 요리술 2큰술을 넣어주세요.

3 뚜껑을 덮고 센 불로 끓이다가 바지락이 열받아서 입을 벌리는 정도가 되면 불을 꺼주세요.

바지락은 오래 끓이면 질겨지므로 국물 양념을 하기 전에 먼저 건져주세요.

4 익은 바지락을 꺼내 접시에 담아주세요.

5 바지락에서 나온 육수에 버터와 간장을 넣고 녹여주세요. 버터가 없으면 마가린도 좋아요. 단, 마가린은 염분이 많으니까 간장 넣는 양을 조금 줄여주세요.

6 5의 양념한 육수를 바지락 위에 골고루 끼얹고 잘게 썬 파를 위에 샥 뿌려주면 완성.

Tip **조개 해감하기**
조개 해감이 안 되었을 경우 물 5컵, 소금 2큰술을 넣고 잘 섞은 뒤 조개를 담가 어두운 곳에 2시간 이상 놔두면 조개들이 "아~ 바다다~" 하면서 좋다고 모래를 퉤퉤 뱉어내요.

エビチリ

에비치리

돈 걱정 없이 집에서 만들어 실컷 먹으리!
칠리새우

칠리새우는 밖에서 사 먹으면 비싸기는 엄청 비싼데 간에 기별도 안 가서 슬퍼요.
그래서 집에서 해 먹기에 도전해봤는데 진짜 눈물 나게 맛있었답니다.
음식이 맛없으면 물어보지도 않았는데 "맛없어!"라고 말하는 남편을 둔 저지만
이거 만들고 나서는 엄청 칭찬을 받았더랬어요.
탱글탱글한 새우의 식감과 두반장과 케첩으로 만든 소스의 궁합도 끝내줘요!

Ready >> 2인분

주재료 새우 10마리, 파 1/2개, 마늘 1쪽, 생강 1쪽, 양배추 1/4통, 소금 1/2큰술, 녹말가루 1/2큰술, 참기름 1작은술, 식용유 적당량

튀김옷 재료 달걀흰자 1/2개, 녹말가루 1/2큰술, 소금 약간, 식용유 1/4큰술

양념 재료 두반장 1/2큰술, 케첩 1큰술, 요리술 1/2큰술, 설탕 1/2큰술, 닭육수가루 1/2작은술, 소금 약간, 물 100cc

녹말물 재료 녹말가루 1큰술, 물 1큰술

Recipe

이렇게 해주면 새우의 이물질도 빠지고 칼집 낸 부분이 적당히 벌어지면서 탱탱한 식감이 더 살아납니다.

1 새우는 머리와 껍질을 제거하고 등에 0.5cm 깊이로 칼집을 내어 내장을 빼주세요. 냉동 새우는 해동 후 손질해주세요.

2 새우에 소금 1/2큰술, 녹말가루 1/2큰술을 넣고 살살 주무르다 끈적이면 찬물로 씻어내고 물기를 빼주세요.

3 튀김옷 재료와 2의 손질한 새우를 잘 섞어주세요.

4 파, 마늘, 생강은 잘게 다지고, 양배추는 채 썰어주세요.

5 프라이팬에 식용유 1/2큰술을 두르고 마늘과 생강을 약한 불에서 볶다가 향이 올라오면 양념 재료를 넣어요. 녹말물을 조금씩 섞어가며 농도를 맞춰 소스를 만들어주세요.

6 180℃(튀김 젓가락을 넣었을 때 거품이 빠글빠글 올라오는 상태) 기름에 3의 새우를 넣고 튀기다 새우가 빨갛게 되면 얼른 건져내세요. 새우를 너무 오래 튀기면 질겨지고 작아져서 식감이 별로예요. 오래 튀기지 않아도 남은 열 때문에 속까지 익는답니다.

7 5의 소스에 잘게 썬 파와 참기름, 6의 튀겨둔 새우를 넣고 약한 불에서 가볍게 볶은 후 채 썬 양배추 위에 얹어내주세요.

부드러운 양배추 속에 고기를 채운
롤캐비지

롤캐비지는 서양 요리이지만 일본에 와서 자주 해 먹게 됐어요.
양배추를 데치고 고기 넣고 다시 끓이고 해야 하는 번거로움이 있긴 하지만
신랑이 격하게 사랑하기 때문에 자주 만들게 되네요.
확실히 누가 맛있게 먹어주면 요리하는 재미가 더 생기는 거 같아요.
암튼 롤캐비지는 양배추도 부드럽고 고기도 야들야들해서
숟가락으로도 쉽게 잘라 먹을 수 있고
양배추 육수가 스며 있어 콩소메와 소금만으로도 충분히 깊은 맛이 나요.

ロールキャベツ

로루캬베츠

Ready >> 2인분

주재료 돼지고기 간 것 150g, 양배추잎 4~5장
고기소 재료 양파(大) 1/8개, 빵가루 1큰술, 달걀 1/2개, 소금 1/4작은술
육수 재료 물 250cc, 고형 콩소메 1개, 소금·후추 약간씩

Recipe

1 냄비에 물을 넉넉히 넣고 끓어오르면 양배추의 잎을 넣어 투명해질 때까지 삶아주세요.

2 양배추의 심을 잘라내주세요. 고기소를 넣고 말 때 심이 있으면 잘 안 말리거든요. 하지만 이것도 쓸 거니까 버리지는 마세요.

3 잘라낸 양배추 심과 양파를 잘게 썰어주세요.

4 고기소 재료와 잘게 썬 3의 재료를 찰기가 생길 때까지 손으로 조물조물 섞어주세요.

5 삶은 양배추잎에 4의 고기소를 동그랗게 뭉쳐 놓고 말아주세요.

6 냄비에 육수 재료와 5의 양배추롤을 넣고 뚜껑을 덮고 끓여줍니다. 확 끓어오르면 약~중간 불로 바꿔 30분간 더 끓여주시면 끝. 양배추롤이 냄비 안에 가득 찰 수 있도록 적당한 사이즈의 냄비를 사용해주세요. 그래야 끓일 때 양배추가 고정되어 풀어지지 않아요.

보들보들함 속에 아삭함
닭 츠쿠네

닭다리살을 부드럽게 갈아 동그랗게 만들어 구운 츠쿠네는
보들보들하지만 씹는 맛이 살짝 모자라서 닭 연골을 넣기도 해요.
연골만 따로 사기가 어려울 때는 대신 연근을 넣어도 아삭아삭함이 끝내준답니다.
달콤짭짜름한 데리야키소스를 사용하여 밥반찬으로도 좋고 술안주로도 좋아요.

鳥つくね

토리츠쿠네

Ready ≫ 2인분

주재료 닭다리살 1/2도막, 양파 1/8개, 삶은 연근 2cm 1도막, 물 1/2큰술, 식용유 약간
반죽 재료 달걀 1/2개, 녹말 1/2큰술, 빵가루 1/2큰술, 소금 약간, 참기름 1/2작은술
소스 재료 설탕 1/2큰술, 요리술 1큰술, 간장 1큰술, 미림 1큰술

Recipe

1 닭다리살은 큼직하게 잘라줍니다.

2 푸드프로세서에 닭다리살을 넣고 곱게 간 후에 양파를 넣고 한 번 더 가볍게 갈아주세요. 간 닭고기를 구입했다면 양파만 다져서 섞어주세요.

3 삶은 연근은 0.5cm 크기로 깍둑썰기해 주세요.

4 그릇에 2의 간 닭고기와 양파, 3의 연근, 반죽 재료를 모두 넣고 조물조물 잘 섞은 다음 동그랑땡처럼 둥글넓적하게 모양을 만들어주세요.

5 달군 프라이팬에 식용유 1작은술을 두르고 4의 반죽을 올려 양면 다 노릇하게 구운 다음 물 1/2큰술을 넣고 뚜껑을 덮어 약한 불에서 4분간 익혀주세요.

6 속까지 잘 익었으면 키친타월을 이용해 기름기를 제거한 다음,

7 소스 재료 섞은 것을 넣고 중간~센 불에서 광택이 날 때까지 졸여주면 완성!

자꾸만 생각나는 매운맛!
사천식 마파두부

집에서 걸어서 15분 떨어진 곳에 중국인 부부가 운영하는 소박한 사천식 중국요리집이 있어요.
거기서 마파두부를 먹고 완전 반해서 한동안 주말에 꼬박꼬박 출근해
포장해 와서 남편과 둘이 술안주로 먹었던 기억이 있네요.
지금은 주로 집에서 만들어 먹는데 신랑이 비슷하다고 칭찬해주고 있어요.
먹으면 먹을수록 칼칼한 매콤함이 올라오는 중독성 있는 맛 때문인지
땀을 왕창 흘리면서도 호호 불어가며 엄청 열심히 먹는답니다.
붉은 고추기름만 봐도 식욕이 막 돌아요~

시센마보도후
四川麻婆豆腐

Ready >> 2인분

주재료 두부 1모, 돼지고기 간 것 100g, 파 1/2개, 다진 마늘 1큰술, 물 150cc, 소금·후추 약간씩, 간장 1/4큰술, 산초가루 약간, 식용유 약간

양념 재료 사천두반장 1큰술, 춘장 1큰술, 고추기름 1큰술, 산초가루 1/2작은술

녹말물 재료 물 1큰술, 녹말 1큰술

Recipe

1 두부는 1~2cm 크기로 깍둑썰기하고 파는 네모나게 썰고 마늘은 다져주세요.

2 프라이팬에 식용유 1큰술을 두르고 간 돼지고기를 넣은 다음 센 불에서 진한 갈색빛이 돌 때까지 충분히 볶아주세요.

3 약한 불로 바꾼 뒤 양념 재료와 다진 마늘을 넣고 타지 않게 볶다가 향이 올라오면 물 150cc를 넣어주세요.

> 이렇게 두부를 미리 데쳐놓으면 양념이 더 잘 배요. 또 두부에서 수분이 나오지 않아 질척이지도 않고 섞을 때 잘 으스러지지 않아요.

4 냄비에 물을 팔팔 끓여 두부를 넣고 5분 정도 데친 후 물기를 털어내고 3의 고기 볶은 프라이팬에 넣어주세요.

5 약한 불에서 파를 넣고 간장과 후추를 넣고 소금으로 간을 해주세요. 이때 마늘잎을 약간 넣어주면 더욱 맛있어요.

6 분량대로 섞은 녹말물을 조금씩 넣어가며 농도를 맞춘 후 마지막에 산초가루를 약간 뿌려 내주세요.

오뎅 속에 치즈가 쏘옥~
치쿠와오뎅튀김

씨원한 맥주 안주엔 역시 느끼한 게 최고에욧!
느끼한 거 한입 먹어주고 완전 차갑게 식힌 맥주를
벌컥벌컥 마시고, 다시 느끼한 걸 베어 물고
또 맥주 마시고, 그러다 코 삐뚤어지고~
구멍이 뻥 뚫려 있는 치쿠와오뎅 속에
치즈를 넣어서 가볍게 튀기면
맥주 안주로 완전 따봉이에요!
요 오뎅튀김은 무조건 따끈따끈할 때 먹어야 제맛!
다이어트도 내일 해야 제맛!
술 끊는 것도 내일 해야 제맛!

치쿠와덴푸라

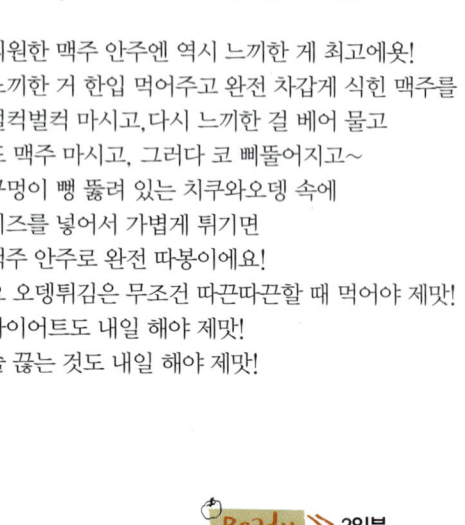

Ready >> 2인분

주재료 치쿠와오뎅 2개, 슬라이스 치즈 4장

튀김옷 재료 튀김가루 1큰술, 물 2큰술

Recipe

1. 슬라이스치즈 4장을 겹친 후 오뎅 구멍에 들어갈 만한 크기로 잘라주세요.

2. 치쿠와오뎅 구멍에 자른 치즈를 넣어주세요.

3. 튀김옷 재료를 쉬끼쉬끼 섞어주세요.

4. 치쿠와오뎅에 튀김옷을 잘 묻혀주세요. 반죽이 적다 싶을 수도 있지만 괜찮아요.

5. 180℃ 기름에 후딱 튀겨주세요. 어차피 생으로 먹어도 되는 거니까 튀김옷만 익었다 싶으면 바로 꺼내주세요.

쫄깃쫄깃 고소한
문어튀김

문어튀김은 닭튀김처럼 육즙이 좔좔 흐르거나 겉이 바삭바삭한 맛은 없지만 쫄깃쫄깃한 식감과 고소한 맛은 결코 뒤지지 않아요. 요 고소함이 맥주 엄청 생각나게 하지요~ 근데 튀길 때 보통 튀김 요리에 비해 기름이 좀 많이 튀어요. 기름과 싸울 자신이 없다면 포기하거나 완전무장 후 만들어주세요!

타코카라아게

Ready >> 2인분

주재료 삶은 문어 200g, 간장 1/2 작은술, 요리술 1작은술, 밀가루 1 큰술, 녹말가루 1큰술

Recipe

1
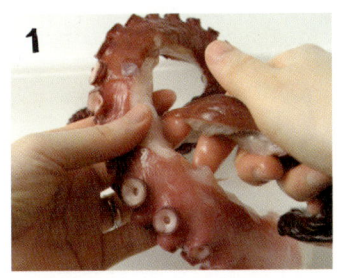
삶은 문어 다리 중에 제 팔뚝살같이 막 축축 처지는 부위가 있어요. 그걸 잡아 당기면 쉽게 떨어진답니다. 이 부위가 물기가 많아서 미리 떼어내면 튀길 때 기름 튀는 게 덜해요

2

손질한 문어를 한입에 쏙 들어갈 만한 크기로 자르고,

3

간장과 요리술을 넣고 잘 섞은 다음에,

4

밀가루랑 녹말가루를 넣고 젓가락으로 잘 섞어주세요.

5

170℃ 기름에 4의 문어를 넣고 튀김옷만 살짝 튀겨지면 후딱 건져내주세요.

다른 소스 없이 살짝 고춧가루만 뿌려 드셔보세요. 아주 굿입니다!

맥주의 영원한 친구

오징어버터간장구이

저랑 신랑은 주말 이른 저녁에
술 마시면서 얘기하는 걸 정말 좋아해요.
실은 술 때문…이 아니고, 이야기하고 싶어서…도
아니고, 안주발 세우려고 술을 이용하고 있는 거예요.
암튼 이럴 때 집에 있는 물오징어를
간단히 버터에 구워 간장만 샥 뿌려주면
고소한 향이 끝내주는 오징어구이가 완성돼요.
오징어는 왜 말려도 맛있고 생물로 먹어도 맛있고
볶아도, 회로 먹어도, 쪄서 먹어도 다 맛있는 걸까요?

이카노버터쇼유야키

Ready》 2인분

주재료 물오징어 1마리, 버터 1큰술, 간장 1큰술

Recipe

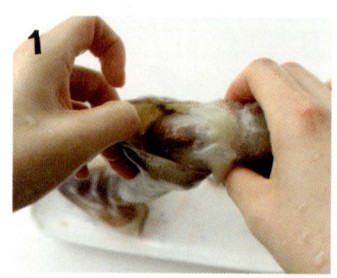

1. 오징어는 내장을 제거해주세요. 냉동된 오징어는 미리 해동시킨 후 내장을 빼야 손이 시리지 않아요.

2. 오징어 몸통에는 칼집을 내고 다리 부분은 먹기 좋게 한 가닥씩 썰어주세요.

3. 프라이팬에 버터를 녹이고 오징어를 넣어 중간 불에서 뒤집어가며 구워주세요.

4. 오징어가 먹음직스럽게 익으면 간장을 확 뿌리고 30초 정도 더 구워 그릇에 내주세요.

> 버터와 함께 간장을 넣으면 간장이 금방 타서 쓴맛이 나기 때문에 간장은 꼭 마지막에 넣어주세요.

たこの酢の物
타코노수노모노

입맛을 돋우는
문어초무침

전 문어, 낙지, 오징어 같은 쫄깃한 식감을 너무 좋아해요. 그걸 아는 울 신랑은 제게 타이어를 씹어보라며 추천해줬… 죽일 거야! 여름에 너무 더워서 입맛 없을 때 (남의 일. 365일 입맛 살아 있음.) 새콤하게 문어를 무쳐서 냉장고에 차갑게 식혀놓고 먹으면 식욕이 팍팍 살아나요. 오이와 문어 외에 미역을 넣어주시면 미역에 새콤한 양념이 듬뿍 묻어나 더 맛있어요.

Ready ≫ 2인분

주재료 삶은 문어 1/2주먹, 오이 (中) 1/2개, 마른미역 1/3주먹

양념 재료 식초 3큰술, 설탕 2큰술, 간장 1큰술

Recipe

1

마른미역은 찬물에 불려주세요.

2

오이는 살짝 도톰하게 썰고 삶은 문어는 한입 크기로 썰어주세요. 문어가 없을 땐 삶은 오징어를 이용하셔도 좋아요.

3

양념 재료를 그릇에 담고 설탕이 녹을 때까지 잘 섞어주세요.

4

불린 미역은 찬물에 헹군 다음 힘 자랑 하며 물기를 꽉 짜주세요. 미역에 물기가 있음 나중에 간이 싱거워져요.

5

준비한 재료를 3의 양념과 잘 섞은 후 냉장고에 차갑게 식혀 드시면 됩니다~

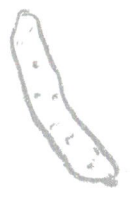

초 간단한 술안주
오뎅파무침

저희 신랑이 안주 만들 때 모토는 '무조건 간단하고 맛있게 만들자'예요. 아닌 게 아니라 신랑이 주방에서 후딱후딱 움직이면 안주 두세 개가 금방 만들어져요. 덕분에 저는 점점 술꾼이 되어가고 있습니다. 신랑의 술안주 메뉴 가운데 하나인 오뎅파무침은 진짜 별거 없이 간단하게 만들 수 있어요. 오뎅의 단맛과 파의 매콤함만으로도 훌륭한 술안주가 되어준답니다.

치쿠와노네기아에

Ready » 2인분

주재료 오뎅 100g, 파 1/3개
양념 재료 면쯔유 1작은술, 참기름 1작은술, 소금·후추 약간씩

Recipe

1 파는 흰 부분만 잘라 반으로 가르고 채 썰어주세요.

2 채 썬 파는 찬물에 5분 정도 담갔다가 체에 밭쳐 물기를 빼주세요. 파의 매운맛과 쓴맛을 빼기 위해 찬물에 담근 건데 쌉쌀한 맛 좋아하시면 생략하셔도 돼요.

3 오뎅도 채 썰어주세요. 얇은 오뎅 말고 도톰하면서 속이 말캉말캉한 종류를 써야 씹는 맛이 있답니다. 핫바를 써도 좋아요.

4 손질한 파와 오뎅을 그릇에 담고 양념 재료를 모두 넣어 짭조름하게 간을 맞춰주면 끝.

きゅうりのラー油和え

큐리노라유아에

칼칼하게 무친
고추기름오이무침

첨에 신랑이 술안주라며 고추기름에 오이를 무쳐서 내놓길래 '이게 맛있을까?' 의심 엄청 하면서 먹었는데 은근 맛있어서 속으로 깜놀했어요. 적당한 칼칼함과 참기름의 고소함, 상큼한 오이의 맛이 은근히 잘 어울려서 술 마실 때 빠지지 않고 등장하는 단골 메뉴랍니다. 만들어놓고 시간 지나면 물기가 생기니까 만들자마자 샐러드 느낌으로 바로 드세용!

Ready >> 2인분

주재료 오이 1개, 고추기름 1/2작은술, 참기름 1/2작은술, 소금·후추 약간씩, 마요네즈 적당량

Recipe

1
오이를 돌려가며 적당한 크기로 썬 다음,

2
소금, 후추를 넣고 간을 해주세요. 술안주니까 살짝 짭조름한게 좋아요.

3
마지막에 고추기름과 참기름을 넣고 잘 섞어주세요. 접시에 낼 때 마요네즈를 살짝 곁들어 내주세요. 기름류를 먼저 넣은 다음 소금을 넣으면 재료에 간이 배지 않아 짠맛이 겉도니까 주의해주세요~

239

세 가지 두부 요리를 한꺼번에!
양념냉두부

예전에는 두부를 싫어하지도 좋아하지도 않았는데
홋카이도에서 두부의 참맛을 느낀 이후로
두부님으로 모시고 있어요.
하지만 집에서 한번 만들어보고 두부는 역시
사 먹어야 제맛!임을 뼈저리게 느꼈더랬어요.
시판 연두부로 만드는 차가운 두부 요리 소개합니다.
보통 생각하는 간장 뿌려 먹는 방법 외에
여러 재료를 이용해 맛있게 먹는 법 알려드릴게요!

히야얏코
冷奴

Ready >> 2인분

주재료 연두부 1/2모, 양파 1/4개, 파 약간, 마늘 1쪽, 가츠오부시 1/2주먹, 간장 약간, 참기름 약간

Recipe

1 마늘은 껍질을 벗기고 파와 양파는 얇게 썰어주세요.

2 채 썬 양파는 매운맛을 빼기 위해 찬물에 10분 정도 담갔다 건져 키친타월에 감싸 물기를 빼주세요.

3 마늘을 갈아주세요.

4 연두부를 3등분한 다음 다음의 3가지 방법으로 준비해놓은 재료를 각각 얹어주세요.

① 파와 가츠오부시를 올리고 간장을 뿌려 드세요. 간장에 적셔진 가츠오부시에서 깊은 맛이 난답니다.
② 간 마늘을 올리고 간장을 뿌려 드세요. 마늘의 톡 쏘는 맛을 두부가 감싸줘요.
③ 양파와 가츠오부시를 올리고 간장에 참기름을 1~2방울 뿌려 드세요. 양파와 참기름, 간장이 잘 어울린답니다.

술안주는 간단해야 제맛!
오이치즈오뎅

신랑하고 같이 〈심야식당〉 만화책 읽다가 거기에 나오는 술안주 보고 서로 눈 마주치며 당장 냉장고 뒤져서 만든 안주랍니다. 왕간단하면서 오뎅의 적당한 단맛과 치즈의 고소함, 오이의 상큼한 맛이 어우러져 술안주로 완전 굿이라 술 먹자! 할 때 항상 만드는 메뉴예요.

Ready >> 2인분

주재료 치쿠와오뎅 2개, 슬라이스치즈 1장, 오이 1/3개, 마요네즈 적당량

Recipe

1 슬라이스치즈는 여러 번 겹쳐서 두툼하게 만들어 오이와 함께 치쿠와오뎅 속에 들어 갈 만한 두께로 썰어주세요

2 치쿠와오뎅 속에 꾹꾹 손가락으로 눌러가며 오이를 넣어주세요. 다른 치쿠와오뎅에는 치즈를 넣어주세요.

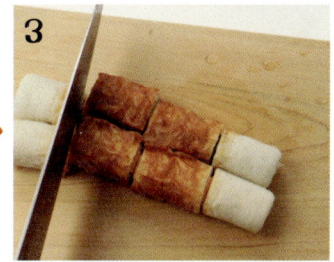

3 2의 치쿠와오뎅을 먹기 좋은 크기로 썰어서 마요네즈를 살짝 뿌려 내주세요.

깊은 맛을 내는
참치회간장절임

참치회 중에 기름이 많은 뱃살 부위는
입에 넣자마자 살살 녹는데 내 지갑 속의 돈도
녹이는 신비한 힘을 가지고 있어요.
아니 같은 뱃살인데 참치 뱃살은 그렇게 비싸고
내 뱃살은 그냥 쓰잘데기가 없는 거지?
암튼 맛있지만 비싼 참치 뱃살 대신 저렴한
붉은살을 이용해 참치 뱃살 같은 깊은 맛의
참치회를 만들어 내 뇌를 속여보아요~

마구로즈케

Ready >> 2인분

주재료 참치회 100g, 달걀노른자 1개
양념 재료 간장 3큰술, 미림 1큰술

Recipe

1 참치회를 한입 크기로 썰어주세요.

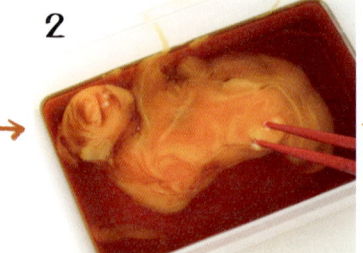

2 양념 재료를 잘 섞은 다음 달걀의 노른자만 분리해서 넣고 다시 잘 섞어주세요.

3 2의 양념에 참치회를 넣고 냉장고에서 10분간 절인 후 와사비를 곁들여 내주세요. 달걀노른자를 넣고 오래 두면 노른자의 비린 맛이 올라오기 때문에 먹을 만큼만 절여 사용해주세요.

Tip 냉동 참치 해동 방법
A 물 5컵에 소금 2큰술을 넣고 잘 녹인 후 냉동 참치를 넣고 1분 후에 찬물에 가볍게 씻어주세요.
B 키친타월로 참치의 물기를 닦아내고 다시 새 키친타월로 참치를 감싸 냉장실에 1시간 정도 넣어주세요.

돼지는 혀도 맛있다!
돼지혀소금구이

한국에서는 소 혀나 돼지 혀를 한번도 안 먹어봤는데 일본 와서 우설구이 먹어보고 완전 하트 뿅뿅! 했어요. 비린 맛도 없고 쫄깃함 속에 배어나는 육즙이 진짜 고소해요! 근데 집에서 소 혀를 구우면 요령이 없어서 그런지 특유의 누린내도 있고 질기고 하길래 돼지 혀를 애용하고 있습니다. 돼지 혀를 구워 파를 얹어 먹으면 술안주로도 좋지만 밥반찬으로도 너무 맛있어요.

Ready >> 2인분

주재료 돼지 혀 150g, 파 2/3개, 소금·후추 약간씩, 식용유 약간
양념 재료 참기름 1작은술, 소금·후추 약간씩

Recipe

1 프라이팬에 식용유 1작은술을 두르고 중간 불에 돼지 혀를 구우면서 소금, 후추를 약간 뿌려주세요. 돼지 혀는 속까지 잘 익혀주세요. 파에도 소금 양념을 할 거니까 소금, 후추는 약간만 넣어주세요.

2 파는 잘게 송송 썰어주세요.

3 내열용기에 파, 양념 재료를 넣고 간을 한 후 전자레인지에 20초 정도 데워주세요. 파가 살짝 익으면 파 원래의 칼칼한 맛과 함께 단맛이 나와요. 돼지 혀에도 간이 되어 있으니까 너무 짜지 않게 간을 해주세요.

4 익힌 돼지 혀를 접시에 담고 3의 파를 얹어 내면 완성!

저녁요리
일본 곳곳의 숨은 맛

미소니코미우동 | 미소돈가스 | 수프카레 | 센베지루 | 당근달걀볶음 | 꼬치튀
김 | 멍게라멘 | 고야참플 | 키리탄포 | 생강미소오뎅

味噌煮込うどん
미소니코미우동

핫초우미소가 들어간 나고야 우동
미소니코미우동

나고야 음식은 뭔가 독특한 맛이 있어서 제가 특히 좋아해요.
특히 핫초우미소를 이용해 만드는 이 미소니코미우동은
처음 먹었을 때는 그렇게 쇼킹할 정도로 너무 맛있어!는 아니었는데
시간이 지나면 또 먹고 싶어지는 중독성이 있어요. 마약 우동 뭐 이런 느낌?
핫초우미소는 보통 미소보다 덜 짜면서 입자가 곱고 짙은 색을 띤답니다.
춘장의 향과 약간 비슷하기도 해요.

Ready >> 2인분

주재료 우동면 2인분, 배추잎 2장, 닭고기 100g, 유부 2장, 파 약간, 달걀 2개, 설탕 약간

국물 재료 다시마가츠오 육수 600cc, 핫초우미소 2큰술, 미림 2큰술

Recipe

1. 배추는 반으로 가른 다음 3cm 두께로 썰고 닭고기는 한입 크기로 썰어주세요.

2. 파는 어슷하게 썰고 유부는 비스듬히 반으로 썰어주세요.

3. 다시마가츠오 육수를 만들어주세요.

4. 육수를 팔팔 끓인 후 닭고기를 넣고 닭이 익으면 핫초우미소를 풀고 미림도 넣어주세요. 이때 간을 보고 단맛이 부족하면 설탕을 첨가해주세요. 이 요리는 핫초우미소가 없으면 못 만들어요. 자장면에 춘장 안 넣는 것과 마찬가지거든요.

5. 1인용 냄비에 삶아둔 우동면을 각각 담고 준비한 배추, 파, 유부, 닭고기를 넣어요. 여기에 4의 국물을 부은 후 뚜껑을 덮고 4분 정도 약한 불에서 끓여주세요.

6. 달걀을 하나씩 톡 터뜨려 넣고 뚜껑을 덮은 다음 1분 정도 약한 불에 끓여서 드시면 됩니다.

> **Tip 우동 종류별 사용법**
> 우동이 건면일 경우에는 원래 삶는 시간의 반만 끓인 다음 건져 찬물에 헹궈 준비하고, 생면이나 냉동 면일 경우에는 뜨거운 물에 살짝 데쳐 찬물에 헹궈 사용하시면 돼요.

나고야의 명물 돈가스
미소돈가스

나고야의 명물인 미소돈가스에 도전해보았습니다.
미소의 고소함과 짭조름함이 돈가스랑 정말 잘 어울려서
저희 신랑이 특히 자주 리퀘스트하는 메뉴 중 하나랍니다.
미소소스가 꾸덕꾸덕한 편이라 소스를 부어 먹는 게 아니라 찍어 드셔야 해요.
이거 먹을 때 신랑하고 둘이서 양배추 반 통을 해치울 정도로
돈가스랑 양배추가 짝짝꿍이 잘 맞으니까 꼭 양배추를 곁들여주세요.

미소카츠
味噌カツ

Ready >> 2인분

주재료 돈가스용 돼지고기 2장, 소금·후추 약간씩, 양배추 적당량, 식용유 적당량

튀김옷 재료 달걀 1개, 빵가루 적당량, 밀가루 적당량

소스 재료 미소된장 1+1/2큰술, 핫초우미소 1큰술, 미림 2큰술, 물 2큰술, 설탕 1/2큰술, 면쯔유 1작은술, 깨 1큰술

Recipe

1

냄비에 깨를 제외한 소스 재료를 모두 넣고 잘 풀어주세요. 핫초우미소가 없을 땐 미소된장 분량을 늘려 2큰술 넣어주세요.

2

섞은 소스를 약한 불에 살짝 끓인 후 깨를 넣어주세요.

3
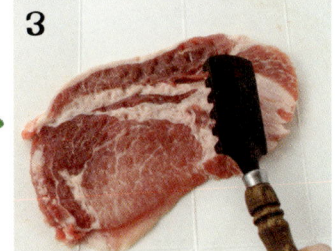
돈가스용 돼지고기는 두드려서 얇고 평평하게 만든 다음 소금, 후추를 양면에 뿌려 10분 정도 놔두세요. 고기에 칼집이 이미 되어 있다면 손으로만 꾹꾹 눌러도 얇게 펴져요.

4

3의 고기에 밀가루 → 달걀 → 빵가루 순으로 꼼꼼하게 튀김옷을 입힌 뒤 180℃ 기름에 튀겨주세요.

5

튀긴 돈가스를 한입 크기로 자른 후 2의 미소소스를 뿌려 내면 완성. 가늘게 채 썰어 찬물에 담갔다 건진 양배추와 함께 내주세요.

スープカレー

스프카레

홋카이도에서의 추억
수프카레

홋카이도 여행 갔을 때 수프카레란 걸 처음 먹어보고 그야말로 깜놀!
칼칼한 카레 향에 큼직한 건더기가 푸짐하게 들어 있는 수프를 밥과 먹으면
배가 아주 든든해진답니다.
제가 먹었던 곳이 홋카이도에 사는 친구 소개로 간 거라 유난히 맛있는 곳이었는지
이후에는 다른 곳에서 사 먹어봐도 홋카이도에서 먹은 그 맛이 안 나더라고요.
결국 집에서 만들어봤는데 제법 비슷해서 자주자주 해 먹고 있어요.

Ready >> 2인분

주재료 뼈 있는 닭고기 2개, 양파 1개, 당근(中) 1개, 감자(小) 4개, 가지 1/2개, 피망 1개, 달걀 1개, 마늘 4쪽, 물 1000cc, 버터 2큰술, 밥 2공기

1차 양념 재료 카레 가루 2큰술, 가람마살라 2작은술, 케첩 1큰술

2차 양념 재료 카레루 1조각, 고형 콩소메 2조각

Recipe

> 닭고기는 어느 부위를 써도 상관없지만 육수를 위해 꼭 뼈가 붙어 있는 것을 이용해주세요.

1 압력솥에 물 1000cc를 넣고 마늘 2쪽과 뼈 있는 닭고기를 넣고 뚜껑 덮고 센 불에서 끓여주세요. 압력추가 돌아가면 약한 불로 바꿔 20분간 더 끓여주세요.

2 버터 2큰술을 프라이팬에 넣고 녹인 다음 중간~센 불에서 잘게 썬 양파가 갈색으로 바뀔 때까지 오래 볶아주세요.

3 마늘 2쪽을 잘게 썰어서 양파와 볶다가 1차 양념 재료를 넣고 약한 불에서 양파를 꾹꾹 눌러가며 5분 정도 볶아주세요.

4 1의 고기와 육수를 냄비에 옮겨 담고 2차 양념 재료와 월계수잎을 넣고 팔팔 끓인 뒤 불을 꺼주세요. 월계수잎이 없다면 생략해도 돼요. 처음부터 육수를 다 넣지 말고 간을 보면서 조절해주세요.

5 당근과 감자는 껍질을 벗기고 내열용기에 담아 전자레인지에 넣어 감자 찌기 기능으로 쪄주세요. 전자레인지에 감자 찌기 기능이 없다면 7분 정도 돌려주세요.

6 가지는 2cm 두께로 길쭉하게 썰고 피망은 씨 부분을 도려내고 반으로 썬 후 기름을 두른 프라이팬에 굽고 달걀은 반숙으로 삶아주세요. 냄비에 달걀과 물을 넣고 물이 끓어 오르면 약한 불로 바꾸어 4분간 더 끓이면 반숙이 됩니다.

7 깊이가 있는 그릇에 준비한 채소와 닭고기, 달걀을 담고 4의 수프를 뜨겁게 데워 부어줍니다. 밥은 따로 담아 내세요.

Tip

가람마살라
식물의 열매, 씨앗, 뿌리 등으로 만들어진 인도 향신료예요. 카레 같은 인도 요리에 매운 맛을 낼 때 넣어줍니다.

센베지루
센베가 수제비처럼 변하는

센베지루는 하치노헤시의 요리인데 일본의 'B급 구르메(사치스럽지 않고 저렴한 서민적인 음식)' 대회에서
항상 2위를 해서 전국적으로 유명해진 음식이에요. 대회 할 때마다 만날 2위라 더 유명해졌어요.
바삭바삭하게 먹는 센베를 나베에 넣어 먹는 게 상상이 안 되고
센베가 퍼져서 진짜 맛없을 거 같잖아요?
근데 센베지루용 센베를 넣으면 퍼지지도 않고 수제비같이 약간 쫄깃한 식감으로 바뀌더라고요.
한국에서는 센베지루용 센베를 구하기 어려우니까 키리탄포를 넣거나 수제비를 넣어주셔도 좋아요.

せんべい汁
센베이지루

Ready >> 2인분

주재료 센베지루용 센베 4장, 닭다리살 1/2도막, 당근(小) 1/2개, 우엉 15cm 1도막, 파 1/2개, 배춧잎 4~5장, 무 5cm 1도막, 버섯 1주먹, 실곤약 1/2주먹

육수 재료 다시마가츠오 육수 800cc, 요리술 2큰술

양념 재료 간장 1큰술, 미림 1큰술, 소금 1/2작은술, 후추 약간

Recipe

1
당근, 우엉, 파는 얇게 어슷썰기하고 배추는 한입 크기로 썰어요. 무는 얇게 썬 다음 한입 크기로 썰어주세요. 배추 대신 양배추를 써도 돼요.

2
닭다리살은 한입 크기로 썰고 버섯은 밑동을 잘라내고 물에 헹궈주세요. 버섯은 아무 종류나 괜찮아요.

3
냄비에 육수 재료와 우엉, 당근, 무, 실곤약을 넣고 끓여주세요. 팔팔 끓어오르면 닭고기를 넣고 닭고기가 익을 때까지 좀 더 끓여주세요.

4
둥둥 뜨는 기름을 국자로 걷어낸 다음 파, 버섯, 배추를 넣고 애들이 기운이 없어질 때까지 끓이다가,

5
양념 재료를 넣고 간을 봐주세요. 싱거우면 소금을 더 넣어주세요.

6
간을 맞춘 다음 준비한 센베를 부숴 넣고 5분 정도만 더 끓이면 완성!

오키나와의 당근 요리
당근달걀볶음

오키나와 요리인 닌진시리시리예요. 당근은 보통 예쁜 색깔로 다른 재료를
돋보이게 하는 엑스트라로 활동하지만 이 요리에서는 당근이 주인공이라는 거!
오키나와 요리를 소개하는 프로에서 처음 봤을 때는
저걸로 요리가 되려나 싶었는데 만들어보니
당근 특유의 흙맛(?)도 안 나고 은근히 맛있었어요.
기름에 볶아 영양 흡수율도 높은 당근달걀볶음. 여러분도 한번 만들어보세요.

にんじんしりしり

닌진시리시리

Ready >> 2인분

주재료 당근(小) 1개, 달걀 1개, 소금 약간, 식용유 약간
양념 재료 요리술 1큰술, 간장 1/2작은술, 혼다시 1/4작은술

Recipe

1

칼이나 슬라이서를 이용해 당근을 얇게 썰어주세요.

2

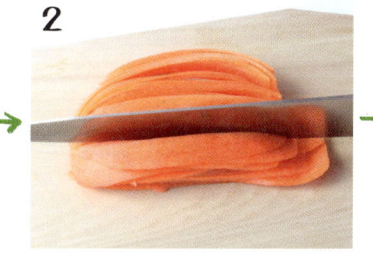

얇게 썬 당근을 1cm 폭으로 길쭉한 모양이 되게 썰어주세요. 당근 써는 방법에 따라 씹는 맛이 달라진답니다. 얇게 채를 썰어도 되고 두껍게 채를 썰어도 되고 저처럼 넙적하게 썰어도 돼요.

3

양념 재료를 분량대로 섞어 양념을 만들어주세요. 달걀도 미리 풀어놔주세요.

4

프라이팬에 식용유를 1/2큰술 두르고 중간 불로 당근을 볶다가 소금을 약간 넣으면 당근들이 금방 기운이 없어져요.

5

당근을 프라이팬 한쪽으로 밀어둔 다음 식용유를 1/2큰술 두르고 풀어놓은 달걀을 넣어주세요.

6

젓가락으로 달걀을 휘저어 지들끼리 몽글몽글 뭉치기 시작할 때,

7

당근과 함께 쉐끼쉐끼 섞은 후 미리 만들어 놓은 3의 양념을 넣고 잘 섞어주면 완성입니다.

오사카의 독특한 튀김 요리
꼬치튀김

오사카는 정말 맛있는 음식이 많아서 식도락 여행지로 안성맞춤이에요.
처음에 오사카 여행 가기 전에 책자에서 이 요리를 보고
보기엔 그냥 튀김인데 뭐가 특별한 거지? 하며 의아해했는데
소스의 맛 덕분인지 아니면 꼬치에 꽂혀 있어서인지 이유는 모르겠지만 정말 맛있었어요.
내가 먹고 싶은 튀김 꼬치를 골라 먹는 재미도 있고
양배추와 함께 먹기 때문에 튀김의 느끼함이 하나도 없어요.
집에 있는 재료 중에 튀기면 맛있을 만한 거 다 튀겨버리면 반찬 걱정 끝!
작은 튀김 냄비에 직접 튀기면서 먹으면 더 맛있답니다.

串カツ 쿠시카츠

Ready >> 2인분

주재료 양파 1/4개, 피망 1개, 표고버섯 2개, 새우 4마리, 돼지고기 안심 약간, 메추리알 6개, 양배추잎 4~6장
튀김옷 재료 밀가루 4큰술, 달걀 1개, 물 2큰술, 빵가루 적당량
소스 재료 우스터소스 6큰술, 돈가스소스 2큰술, 물 2큰술

Recipe

1 양파는 1cm 두께로 둥근 모양대로 슬라이스 하고 피망은 길쭉하게 썰고 표고버섯은 밑동을 잘라주세요. 튀김 하면 맛있는 채소들은 아~무거나 다 괜찮아요. 특히 표고버섯은 대박 맛있어요!

2 메추리알은 삶아 껍질을 까고 새우는 꼬리 부분에 칼집을 내어 내장을 빼내요. 돼지고기 등심은 한입 크기로 썰어주세요.

3 손질한 재료를 나무 꼬치에 각각 꽂아주세요.

4 표면이 매끄러운 메추리알, 양파, 피망은 미리 밀가루를 뿌려 튀김옷이 잘 묻게 만들어주세요.

5 빵가루를 제외한 튀김옷 재료를 모두 섞어주세요. 여기에 꼬치에 꽂은 재료를 담가서 튀김옷을 입힌 후 빵가루를 묻혀주세요.

6 작고 깊이가 깊은 냄비에 식용유를 넣고 170℃에서 튀겨주세요.

7 소스 재료를 섞고 양배추는 큼직큼직하게 썰어 꼬치튀김과 함께 내면 끝. 소스에 푹푹 찍어 먹어야 맛나요~

ほやラーメン

호야라멘

 국물이 끝내주는 이와테 현의 특제 라멘
 # 멍게라멘

횟집 가면 회가 나오기 전에 나오는 여러 가지 스키다시 중에 멍게도 있잖아요.
어렸을 때는 생긴 것도 이상하고 뭔 맛인 줄도 모르겠고 해서 입에도 안 댔었는데
지금은 없어서 못 먹을 정도로 멍게를 좋아하게 되었어요.
이와테 현에는 멍게라멘이 유명한데 시원한 국물과 멍게의 씹는 맛이 일품이라
특히 해장에 좋아서 집에서 자주 해 먹고 있어요.
면과 함께 미역과 멍게를 먹고 국물을 후루룩 들이키면 속이 뻥~ 뚫리는 기분!

Ready >> 2인분

주재료 생라면 2인분, 멍게 2개, 마른미역 약간, 소금 약간, 조개육수가루 1작은술
육수 재료 물 1000cc, 대멸치(다시용) 3~5마리

Recipe

1 멍게는 밑의 딱딱한 부분을 연필 깎듯이 잘라내주세요.

2 손으로 멍게 속살을 살살 잡아당겨 빼주세요.

3 빼낸 멍게 속살을 반으로 자르고 내장과 뻘을 제거해 사진과 같은 상태로 만든 다음 물에 살짝 헹궈 먹기 좋은 크기로 썰어주세요.

4 육수 재료를 냄비에 넣고 10분간 끓인 다음 멸치는 건져내주세요.

5 마른미역과 조개육수가루를 넣은 후 소금으로 간을 하고 마지막에 멍게를 넣고 불을 꺼주세요. 조미료가 아닌 조개로 직접 육수를 내면 더 좋아요.

국물이 깔끔한 해물 육수이기 때문에 얇은 면이 잘 어울려요.

6 생라면을 삶은 후 물기를 털어 그릇에 담고 5의 육수를 부어주면 완성!

오키나와 요리 고야참플을 아시나요?
고야참플

고야참플은 따뜻한 남쪽 오키나와의 요리예요.
처음에 신랑이 맛있다면서 만들어줬는데 이 고야(여주 열매)가 엄청 씁쌀해서
신랑이 절 죽이려는 줄 알았다는. 근데 이게 먹으면 먹을수록 당기는 마력이 있어요.
요 씁쌀한 향이 올라오면 어느덧 식욕이 막 당기는 걸 느낄 수 있어요.
땅, 불, 바람, 물, 마음이 하나로 모여야 캡틴플래닛을 불러낼 수 있는 것처럼
달걀, 두부, 스팸, 고야 이 네 가지가 하나가 되어야 환상의 궁합을 자랑하니까
꼭 챙겨 넣어 만들어주세용!

ゴーヤチャンプル
고야참푸루

Ready >> 2인분

주재료 고야 1/2개, 두부 1모, 스팸 1/2개, 달걀 2개, 소금 약간, 면쯔유 1~2큰술, 가츠오부시 1주먹, 식용유 적당량

Recipe

1. 고야는 깨끗이 씻어 반으로 가른 다음 숟가락으로 씨앗을 제거해주세요. 씨앗을 감싸는 저 하얀 부분이 쓴맛을 낸답니다.

2. 고야를 0.5cm 두께로 채 썰어 소금 1/4 작은술을 넣고 잘 섞어주세요. 이렇게 두면 오이처럼 물이 나오는데 오이처럼 꽉 짜면 다 부스러지니까 짜지 말고 그냥 두세요.

3. 프라이팬에 식용유 2큰술을 넣고 3cm 크기로 깍둑썰기한 두부를 소금을 약간 뿌리며 구운 다음 다른 그릇에 옮겨 담아주세요.

4. 프라이팬의 기름을 키친타월로 닦아 낸 후 한입 크기로 썬 스팸을 노르스름하게 구워 두부 옆에 담아주세요.

5. 프라이팬에 식용유 1작은술을 두르고 달걀 2개를 넣어 스크램블드에그 상태로 만든 다음 그릇에 옮겨주세요.

6. 소금에 절인 고야의 물기를 따라낸 후 프라이팬에 식용유 1작은술을 넣고 살짝 볶아주세요.

7. 준비해둔 두부, 스팸, 달걀을 넣고 살살 볶으면서 면쯔유 1~2큰술을 넣어 간을 해주세요. 다 볶아지면 접시에 담아 가츠오부시를 뿌려내면 완성. 이때 두부에서 나온 물도 같이 넣어주세요.

쌀이 맛있는 아키타의 향토 음식
키리탄포

키리탄포는 밥을 찧어서 숯불에 구운 아키타의 향토 음식이랍니다. 예전엔 별로 유명하지 않았다는데 지금은 슈퍼의 냉동식품 코너에서도 종종 볼 수 있어요.
닭육수나베에 넣어 키리탄포에 국물이 스며들게 해서 먹는 게 보통이라 추운 겨울에 많이 먹어요.
여름엔 나베는 더우니깐 간장양념을 발라 간식처럼 먹을 수 있는 레시피를 소개해보도록 하겠습니다.
양념 안 바르고 센베지루 레시피대로 국물을 만들어 센베 대신 퐁당 넣어 먹어도 맛나요!

키리탄포 / きりたんぽ

Ready » 2인분

주재료 밥 2공기, 만능간장 소스 4큰술

Recipe

1 따뜻한 밥을 방망이로 찧어주세요. 반은 밥알이 보이고 반은 밥알 형태가 없어질 정도로 찧으면 적당해요.

2 손에 찬물을 묻힌 후 1의 찧은 밥을 나무 젓가락에 길쭉하고 균일한 두께로 붙여 주세요.

3 숯불에 천천히 굽는 것이 정석이지만 집에서 숯불 피우기 힘든 관계로 기름기 없는 프라이팬에 센 불로 밥 겉면에 노르스름하게 탄 자국이 날 때까지 구워주세요.

여기까지가 일반 키리탄포 만드는 방법입니다. 이렇게 만들어 나베에 넣어 먹기도 하고 국물에 담가 먹기도 해요.

4 약한 불로 바꾼 후 만능간장 소스를 발라가며 잘 구워주면 간식처럼 먹는 키리탄포 완성!

生姜味噌おでん

쇼가미소오뎅

생강 기운이 후끈한 아오모리 요리
생강미소오뎅

일본에서 오뎅은 보통 연겨자를 찍어 먹지만 아오모리는 추운 지방이라 그런가 생강미소를 찍어 먹어요. 또 다른 점은 국물을 마시는 게 아니고 끓인 후 달걀, 무, 오뎅, 곤약만 건져 생강미소소스를 뿌려 먹기 때문에 굳이 육수로 끓이지 않아도 된다는 거. 생강이 몸을 따뜻하게 해줘서인지 생강미소와 오뎅을 겨울에 먹으면 유난히 맛있어요.

Ready ≫ 2인분

주재료 오뎅 먹고 싶은 만큼, 곤약 100g, 달걀 2개, 무 3cm 1도막

국물 재료 물 500cc, 미림 1큰술, 간장 2큰술, 혼다시 1/4작은술

소스 재료 미소된장 2큰술, 미림 1큰술, 물 3큰술, 설탕 1+1/2작은술, 간장 1/2작은술, 다진 생강 2작은술

Recipe

1 달걀은 삶아놓고 곤약은 양념이 잘 밸 수 있도록 칼집을 내주세요.

2 칼집 낸 곤약은 삼각형이 되게 댕강 잘라주세요.

3 국물 재료, 껍질 벗긴 무, 2의 곤약을 넣고 뚜껑을 덮어 팔팔 끓이다 무가 익으면 오뎅과 삶은 달걀을 넣고 10분 정도 더 끓여주세요.

4 냄비에 소스 재료를 넣고 잘 섞어준 다음,

5 걸쭉해질 때까지 끓이면 소스 완성. 3에서 내용물만 건져 이 소스를 뿌려드세요.

9

디저트와 베이커리
맛도 모양도 모두 사랑스러운

딸기모찌 | 밀크푸딩 | 자몽젤리 | 녹차젤리 | 사과젤리 | 오이달걀샌드위치 | 돈가스샌드위치 | 명란젓토스트 | 경단꼬치 | 와라비모찌 | 데리야키피자 | 카레빵 | 딸기바나나크레페 | 밀푀유케이크 | 두부도넛

이치고다이후쿠
いちご大福

고급스러운 맛의 찹쌀떡
딸기모찌

찹~쏴~~알떡 좋아하시나요?
전 팥앙금의 강한 단맛이 별로라 온리 수능 전에만 먹었던 거 같아요.
근데 일본에 와서 이 딸기찹쌀떡을 한입 먹은 순간
찹쌀떡한테 "그동안 싫어해서 미안해!"라고 급사과하고 말았어요.
팥앙금의 단맛을 새콤한 딸기가 감싸주면서 얇고 보드라운 찹쌀떡과 어우러져
그야말로 입안에서 살살 녹는 환상적인 디저트예요.

Ready >> 10개분

주재료 딸기 10개, 팥앙금 200g, 녹말가루 5큰술
반죽 재료 찹쌀가루 100g, 물 140cc, 설탕 3큰술

Recipe

1 딸기는 꼭지를 따고 찬물에 깨끗이 씻은 다음 물기를 제거해주세요.

2 준비한 팥앙금을 10등분한 뒤 1의 딸기를 하나씩 동그랗게 감싸주세요. 흰색 앙금도 괜찮아요. 앙금 입자가 고운 걸로 선택해주세요.

3 팥앙금으로 감싼 딸기는 잠시 냉장고에 넣어주세요.

4 찹쌀가루를 내열용기에 넣고 설탕과 물을 조금씩 넣으면서 섞은 다음 랩을 씌워주세요.

5 4의 반죽을 전자레인지에 넣고 4분 정도 돌려주세요. 쭉 돌리면 안 되고 1분에 한 번씩 꺼내 반죽을 뒤적여주셔야 해요. 반죽이 약간 투명해지면 완성입니다. 그릇이 뜨거우니 조심하시고요.

6 넓적한 그릇에 녹말가루를 담고 5의 반죽을 넣어 전체적으로 가루를 묻힌 후 10개의 덩어리로 나눠주세요.

7 손에 녹말가루를 묻히고 각각의 찹쌀 반죽을 동그랗게 만든 후 3의 차갑게 식힌 딸기를 넣고 동그랗게 잘 감싸주시면 완성! 바로 먹을 게 아니라면 뚜껑 있는 용기에 담아 냉장 보관 해주세요.

찹쌀떡이 얇을수록 맛있답니다.

전자레인지로 뚝딱 만드는
밀크푸딩

보들보들한 푸딩은 한입 먹으면 참말로 천국에 온 기분인데 집에서 만들려고 하면 이거슨 지옥! 시럽 녹여 만들고, 컵에 시럽 넣고 굳히고, 다시 달걀 섞은 우유 넣고 찌고 식히고, 또 힘들게 만들었는데 찌는 과정에서 푸딩이 막 터지고 시럽 줄줄 흐르고…. 그렇게 한번 해보면 여기가 바로 헬's 키친이로구나 하고 깨닫게 돼요. 하지만 요건 전자레인지로 정말 간단히 만들 수 있어서 화딱지 사요나라~
간단함에 깜짝! 맛에 깜짝! 두 번 놀라실 거예요.

ミルクプリン

미르쿠푸링

Ready ≫ 3컵분

주재료 우유 300cc, 설탕 3큰술, 가루 젤라틴 5g, 찬물 2큰술

캐러멜시럽 재료 설탕 2큰술, 물 2큰술

Recipe

1 가루 젤라틴에 찬물 2큰술을 넣고 푹 불려주세요.

2 우유를 내열용기에 담고 설탕을 섞은 다음 전자레인지에서 2분간 데워주세요.

3 데운 우유에 1의 불린 젤라틴을 넣고 전자레인지에 30초간 더 돌린 다음 잘 섞어주세요.

4 컵에 3의 우유를 담고 랩을 살짝 씌워 냉장고에 넣고 굳혀주세요. 2~3시간 정도는 넣어두셔야 해요.

5 설탕 2큰술, 물 1큰술을 넣고 전자레인지에 2분 10초간 돌려 갈색 빛이 나면 꺼내주세요. 여기에 물을 1큰술 더해주면 캐러멜시럽 완성!

푸딩 먹기 전 이 시럽을 조금 뿌려주세요.

グレープフルーツゼリー
그레프프루츠제리

굉장히 있어 보이는
자몽젤리

귤은 껍질이 야들야들해 손으로 까먹기 좋고 금귤은 그냥 씹어 먹음 되지만 자몽이나 오렌지는 껍질이 무지 두꺼워서 먹기가 좀 힘들죠. 그래서 디저트로 자몽이나 오렌지 나왔을 때 친하지 않은 사람 앞에서는 잘 먹지 못하는 슬픔이 있어요. 과즙 질질 흘리면서 먹으면 흉하니까! 저와 같은 고민 해보신 분들을 위해 우아하게 먹을 수 있는 자몽 디저트 레시피를 소개합니다. 자몽 과육을 그대로 사용하기 때문에 씹을 때 알맹이가 터지면서 자몽 향기가 폴폴 나요~

Ready ≫ 2인분

주재료 자몽 1개, 가루 젤라틴 5g, 설탕 2+1/2큰술, 따뜻한 물 50cc

Recipe

과즙이 줄줄 흘러나오기 때문에 밑에 꼭 그릇을 놓아두고 해주세요.

1 꼭지가 밑으로 가게 해서 반으로 잘라주세요.

2 껍질에 구멍이 나지 않게 조심하면서 티스푼을 이용해 과육을 긁어내주세요.

3 자몽 껍질과 과육 껍질을 티스푼으로 분리한 후 손으로 뜯어내주세요. 껍질은 그릇으로 사용해야 하니까 버리지 마세요.

4 따뜻한 물에 설탕과 가루 젤라틴을 넣고 멍울이 없도록 잘 풀어주세요.

5 준비해둔 과육과 과즙을 4의 젤라틴물과 함께 섞어주세요. 과즙과 물이 총250cc가 되게 해주세요.

6 자몽 껍질에 5를 가득 담아 냉장고에 굳힌 다음 반으로 잘라 내세요.

어른을 위한 쌉쌀한 디저트
녹차젤리

어렸을 때는 디저트는 무조건 달달한 것만 찾았는데 이젠 너무 달기만 한 것보다는 좀 쌉쌀한 맛이 곁들여지는 게 더 좋더라고요.
그래서 디저트로 꼭 블랙커피를 끓여 내곤 하는데 요 녹차젤리는 쌉쌀한 맛과 단맛이 함께 있어 굳이 커피 안 마셔도 뭔가 개운한 느낌이라서 좋아요!

抹茶ゼリー
맛차제리

Ready » 4컵분

주재료 가루 녹차 2작은술, 설탕 4큰술, 가루 젤라틴 5g, 연유 2큰술, 물 250cc

Recipe

1
물 250cc를 냄비에 담아 팔팔 끓어오르면 설탕을 넣고 녹인 후 불을 끄고 가루 젤라틴을 넣고 잘 섞어주세요.

2
볼에 가루 녹차를 담고 1의 물을 조금씩 섞으며 가루가 뭉치지 않게 잘 풀어주세요.

3
밀폐용기에 2의 녹차물을 담고 식힌 후 뚜껑을 덮어 냉장고에서 3~4시간 굳혀주세요.

4
젤리가 굳으면 칼로 네모나게 자른 후 그릇에 담고 연유를 1/2큰술씩 곁들어 내면 완성!

リンゴゼリー
링고제리

아삭아삭한 사과 과육이 살아 있는
사과젤리

판매되는 젤리는 설탕을 많이 넣기 때문에 엄청 달아서 문제…인 것이 아니라 짱 맛있죠! 이렇게 단 게 맛있긴 하지만 제 뱃살을 보면 죄책감이 들기 때문에 설탕은 적게 쓰면서 사과의 향은 살아 있는 젤리를 직접 만들어보겠어요. 사과 과육을 썰어 넣기 때문에 아삭아삭 씹는 맛도 즐길 수 있어요. 아무래도 이걸로는 단맛이 부족하다 싶으시면 꿀을 곁들여주세요.

Ready » 4컵분

주재료 사과 1개, 사과주스 200cc, 설탕 2+1/2큰술, 가루 젤라틴 5g, 레몬즙 1작은술

1 사과는 껍질을 깎은 다음 1/5 정도만 잘라 0.5cm 크기로 깍둑썰기해주세요.

2 남은 사과는 주서기를 이용해 사과즙을 내주세요. 주서기가 없을 땐 사과주스를 레시피 분량보다 50cc 더 넣어주세요.

올라오는 거품은 제거해주세요.

3 냄비에 사과주스와 사과즙, 설탕, 1의 썰어둔 사과를 넣고 3분간 중간 불에서 끓여주세요.

4 한 김 식힌 다음에 레몬즙을 넣고 가루 젤라틴을 넣어 잘 섞어주세요.

5 그릇에 담은 후 냉장고에서 굳혀주면 사과젤리 완성~

심플하지만 언제나 맛있는
오이달걀샌드위치

저희 시어머니께서 만들어주신 오이랑 달걀을 넣은 샌드위치예요.
달걀샌드위치는 보들보들한 맛이 나고
오이샌드위치는 아삭하고 상큼한 맛이 나서
달걀 한입 먹고 다시 오이 한입 먹곤 해요.
이때 누군가 말하겠죠? "둘이 같이 섞으면 안 되나요?"
아!!! 그렇게 좋은 방법이 있다니! 당신은 천재!
하지만 전 따로따로 만들어보겠어요. 골라 먹는 맛이 있으니까요.

큐리&타마고산도

Ready ≫ 2인분

주재료 샌드위치용 식빵 4장, 오이(小) 1개, 달걀(小) 2개, 버터 약간
양념 재료 마요네즈 3큰술, 소금·후추 약간씩

Recipe

1
오이는 얇게 썰어 소금을 뿌리고 물이 생기면 꽉 짜서 마요네즈 1큰술을 넣고 섞어주세요.

2
달걀은 완숙으로 삶고 노른자를 분리해 마요네즈 2큰술을 넣고 뭉개듯이 섞어주세요. 노른자를 바로 분리 안 하면 겉면이 회색으로 변해서 안 예뻐요.

3
흰자를 넣고 숟가락으로 자르듯 섞은 후 소금과 후추로 간을 해주세요.

4
식빵의 한쪽 면에만 버터나 마가린을 발라주세요. 냉장고에서 바로 꺼낸 버터나 마가린은 딱딱해서 빵에 잘 발리지 않죠. 사용할 양만 덜어 실온에 놔두거나 전자레인지에 살짝 녹여 사용해주세요.

5
버터를 바른 면 위에 양념한 달걀과 오이를 각각 올려주세요.

6
빵의 가장자리를 잘라낸 후 4등분해서 내주세요.

Tip 식빵 가장자리 활용법
음식 버리면 벌 받잖아요. 샌드위치 만들고 남은 식빵 가장자리는 오븐 토스터에 2~3분 구워서 바짝 말렸다가 180℃ 기름에 살짝 튀긴 다음 설탕 뿌려 알뜰하게 먹어요. 한번 해보세요. 무지하게 맛납니다.

카츠산도
カツサンド

 에키벤에서 배워온
돈가스샌드위치

돈가스를 이용해 만든 샌드위치인 카츠산도예요.
일본 에키벤(기차역 도시락)에서 돈가스샌드위치를 팔길래 기차 안에서 먹어봤는데
소스가 촉촉하게 밴 돈가스랑 샌드위치 빵이 얼마나 맛있던지
진짜 순식간에 먹어치웠어요.
돈가스 하나가 떡~하니 자리 잡고 있기 때문에 푸짐해서 식사용으로도 좋고
간식으로 드실 땐 샌드위치 하나를 둘이 나눠 먹어도 충분하답니다.

Ready >> 2인분

주재료 돈가스 1장, 식빵 2장, 양배추 4~6장, 버터 1작은술, 마요네즈 1작은술, 식용유 적당량

소스 재료 돈가스소스 4큰술, 케첩 1큰술

Recipe

1 양배추는 얇게 채 썰어 찬물에 담갔다가 체에 밭쳐서 물기를 쭉 빼주세요.

2 돈가스는 160℃ 기름에 바삭하게 튀겨주세요.

3 소스 재료를 미리 섞어놓았다가 여기에 갓 튀긴 돈가스를 넣어 소스가 쏙 배게 해주세요.

> 돈가스가 뜨거울 때 넣어야 소스가 더 잘 묻어나요.

4 프라이팬에 버터나 마가린 1작은술을 넣고 녹인 다음 식빵을 구워주세요. 토스터에 구워서 버터나 마가린을 발라주셔도 돼요.

5 구운 식빵 한쪽 면에 마요네즈 1작은술을 전체적으로 바르고 그 위에 1의 양배추 → 소스에 적셔놓은 돈가스 → 식빵을 순서대로 얹고 먹기 좋게 잘라 내세요.

이거슨 신세계!
명란젓토스트

어느 주말 아침, 신랑한테 토스트 먹자고 했더니
명란젓을 식빵 위에 발라 구우려고 하는 거예요!
"뭔소리야 안돼에~~"를 외쳤지만
이미 토스터 속으로 in!
별로일 거라고 생각하면서 한입 먹었는데
이거슨 그야말로 신!세!계!
걱정했던 비린 맛은 하나도 없고 마요네즈의
고소한 맛과 알알이 씹히는 명란젓의 짭조름함이
식빵하고 완전 잘 어울리는 거예요.

타라코토스트

Ready >> 2인분

주재료 명란젓 1큰술, 식빵 2장, 마요네즈 1큰술

Recipe

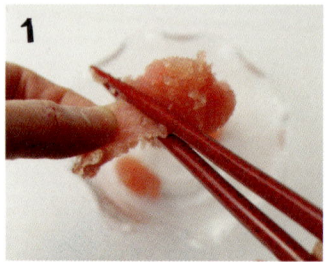

1 껍질 부분을 손가락으로 잡고 젓가락으로 부드럽게 명란젓 알만 빼낸 다음,

2 마요네즈와 1의 명란젓을 잘 섞어주세요.

3 식빵 한쪽 면에 2의 마요네즈 명란젓을 바르고 오븐토스터에 넣고 겉면이 살짝 노르스름해질 때까지 구워주시면 완성!

Tip **빵에 명란젓 올리기**
마요네즈와 명란젓을 섞은 것이 꽤 짭짤하기 때문에 식빵에 바를 때 아주 얇게 펴 발라주셔야 해요. 식빵 대신 바케트를 이용해도 맛있답니다.

생김새부터 귀염 작렬!
경단꼬치

일본 드라마나 만화 보면 꼭 나오는 미타라시단고! 우왕~ 귀여워~ 하면서 침 질질 흘리다 일본 와서 드디어 먹어봤는데 달콤하면서 짭조름한게 너무 맛있더라고요. 특히 따뜻하고 쌉쌀한 차와 잘 어울리는 디저트입니다. 만들기도 쉽고 보기에도 예쁘고 먹기도 편한 경단꼬치 한번 만들어볼까요.

미타라시단고

Ready >> 꼬치 10개분

주재료 찹쌀가루 100g, 미온수 60cc

소스 재료 간장 25cc, 미림 25cc, 물 50cc, 설탕 4큰술

녹말물 재료 녹말가루 1큰술, 물 2큰술

Recipe

> 찹쌀가루와 쌀가루를 6:4로 하면 좀더 형태가 잘 유지되는 경단을 만들 수 있어요.

1 찹쌀가루에 미온수를 조금씩 섞어주세요. 찹쌀가루로만 만들면 굉장히 쫄깃하고 부드러운 경단이 됩니다.

2 반죽이 서로 뭉쳐질 정도로만 손반죽한 다음,

3 한입 크기 정도를 떼어내 손바닥으로 굴려가며 동그랗게 경단을 빚어주세요.

4 냄비에 물을 넣고 팔팔 끓어오르면 경단을 넣어주세요. 경단이 떠오르면 1분 정도 더 끓인 후 건져 찬물에 담갔다가 물기를 빼주세요.

> 탕수육 소스 농도 정도로 생각하시면 돼요.

5 냄비에 소스 재료를 넣고 끓어오르면 약한 불로 바꾸고 녹말물을 조금씩 넣으며 투명해질 때까지 저으며 끓여주세요. 완성된 소스를 경단에 뿌려 드세요.

쫄깃하고 투명한 전통 디저트
와라비모찌

わらびもち
와라비모찌

와라비모찌는 고사리의 전분과 물, 설탕으로 만드는 일본 전통 디저트예요.
일본 교토나 전통 찻집에 가면 볼 수 있는데 집에서도 간단히 만들 수 있어요.
원래 고사리 전분을 사용하지만 한국에서는 구하기 어려우니까
고구마나 감자 전분을 이용해도 돼요. 뭐 어차피 다 전분이니까요.
떡 자체는 달지 않지만 흑설탕 시럽을 찍어 먹기 때문에 따뜻한 말차와 특히 잘 어울린답니다.

Ready >> 2인분

주재료 녹말가루 2+1/2큰술, 물 150cc, 설탕 1/2큰술, 콩고물 4큰술
흑설탕 시럽 재료 흑설탕 2큰술, 물 1큰술

Recipe

1 냄비에 녹말가루 2+1/2큰술, 물 150cc, 설탕 1/2큰술을 넣고 녹말이 풀어지게 섞은 다음,

2 불 위에 냄비를 올린 후 계속 섞으면 지들끼리 뭉치면서 투명해지기 시작해요. 이때 불을 끄고 힘차게 10번 정도 저어주세요.

3 얼음물 위에 얇은 그릇을 놓고 그 위에 2의 투명해진 녹말떡을 넣고 차갑게 식혀주세요. 물이 미지근해지면 얼음물을 새 걸로 갈아주면서 식혀야 투명한 떡이 만들어집니다.

4 식히는 동안 흑설탕 시럽 재료를 내열용기에 담고 전자레인지에 약간의 걸죽함이 생길 정도로 50초 동안 돌려요. 냉장고에 넣어 차갑게 식혀주세요.

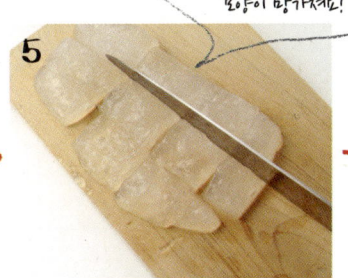

도마와 칼을 물에 안 적시면 끈적끈적하게 물어나서 모양이 망가져요!

5 차갑게 식은 녹말떡을 물에 적신 도마 위에 얹고 물을 바른 칼을 이용해 한입 크기로 썰어주세요

6 그릇에 한입 크기로 썬 녹말떡을 놓고 4의 흑설탕 시럽을 뿌린 뒤 콩고물을 팍팍 뿌려 드시면 됩니다.

照り焼きピザ

데리야키피자

30분 안에 만드는 피자

데리야키피자

피자는 사 먹으면 2~3만 원이 훌쩍 깨지고, 집에서 해 먹으려고 하면
반죽에 발효, 또 오븐에 굽는 과정까지 적어도 1시간 30분은 걸려요.
그렇다고 맛난 피자를 포기할 수는 없는 노릇!
아주 간단한 방법으로 30분이면 뚝딱 만들 수 있는 피자 레시피를 소개합니다.
게다가 오븐이 아닌 프라이팬에 굽는 거라 더 부담 없다는 거!
피자 종류는 원하는 대로 선택할 수 있는데, 저는 데리야키피자를 만들어봤어요.

Ready ≫ 지름 20cm 피자 2장분

주재료 베이컨 4장, 양배추잎 4~6장, 피자치즈 2주먹, 만능간장 소스 4큰술, 마요네즈 적당량

도우 재료 밀가루 200g, 베이킹파우더 1/2큰술, 식용유 1큰술, 설탕 1/2큰술, 소금 1/2작은술, 물 100cc

Recipe

1 볼에 도우 재료를 넣고 물을 조금씩 넣어가며 손반죽을 4분 정도 한 후 반죽을 랩에 싸서 냉장고에 5분간 넣어주세요. 강력분을 쓰셔도 되고 일반 밀가루를 쓰셔도 돼요.

2 반죽을 숙성시키는 동안 양배추를 채 썰고 베이컨은 먹기 좋은 크기로 썰어주세요. 저는 아주 큼직큼직하게 썰었어요.

3 숙성시킨 반죽을 꺼내 반으로 나눈 다음 밀대를 이용해 얇고 동그랗게 밀어주세요. 반죽에 식용유가 들어가 있는 상태이기 때문에 따로 밀가루를 묻히지 않아도 밀대에 묻어나지 않아요.

4 동그란 반죽을 프라이팬에 넣고 손가락으로 가장자리가 봉긋 올라오게 모양을 잡아 중간 불에서 3분간 구워주세요. 그런 다음 뒤집어 또 3분간 구워주세요.

5 다시 뒤집어 반죽이 볼록 튀어나온 부분이 위로 가게 한 뒤 불을 꺼주세요.

6 구워진 도우 위에 만능간장 소스 1큰술을 바르고 그 위에 양배추, 베이컨, 피자치즈를 얹어주세요. 그런 다음 뚜껑을 덮고 약~중간 불에서 8분 정도 구워주세요.

피자는 뭐니 뭐니 해도 살짝 그을려진 치즈가 생명! 오븐토스터로 옮겨 만능간장 소스 1큰술을 더 뿌리고 마요네즈를 뿌려서 치즈가 노릇노릇 구워질 때까지 구워주세요.

오븐토스터가 없을 땐 생선 굽는 그릴에 구워도 돼요.

일단 피자 2장분을 만들고 있는 거니까 올리는 재료 양을 조절해주세요.

우유랑 먹으면 정말 맛있는
카레빵

어린이부터 어른까지 좋아하는 카레를 빵 속에 넣어 간식으로 먹어보아요.
빵을 만들 때 보통 반죽과 발효 과정을 거치는데
핫케이크 가루를 사용하면 발효 필요 없이 5분이면 반죽 끝!
호빵맨의 친구 카레빵맨의 얼굴 모양대로 넙데데하게 만들어
빵가루 묻혀 튀기면 안에 든 카레가 사르륵 녹으면서
한 개 먹음 또 한 개 먹고 싶어지는 카레빵이 된답니다.
먹으면 그야말로 꿀! 차가운 우유 한 컵 대령해놓고
호호 불면서 카레빵을 드세요.

カレーパン
카레팡

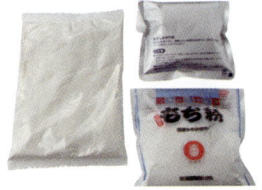

Ready ≫ 7개분

주재료 핫케이크 가루 200g, 찹쌀가루 50g, 물 100cc, 달걀 1개, 인스턴트카레 1인분, 밀가루 1~2큰술

튀김옷 재료 우유 적당량, 빵가루 적당량

Recipe

1
카레는 차갑게 식혀서 쓸 거니까 일단 냉장고에 넣어 놓고 반죽 시작해주세요. 핫케이크 가루, 찹쌀가루, 달걀, 물을 볼에 넣어 잘 섞다가 물기가 사라지면 손 반죽을 해주세요. 찹쌀가루를 넣으면 쫄깃쫄깃해져서 더 맛있답니다.

2
반죽이 뭉치기 시작하면 밀가루 1~2큰술을 넣고 겉의 끈적임을 없애는 느낌으로 반죽해주세요.

3
반죽을 7등분한 후 3~4mm 두께로 동그랗게 밀어주세요. 핫케이크 가루에 베이킹파우더가 들어 있기 때문에 반죽이 두꺼우면 부풀어 올라 빵 맛밖에 안 나고 너무 얇으면 튀기다 카레가 흘러나오니까 두께를 잘 조절해주세요.

4
차갑게 식힌 인스턴트 카레를 1큰술 정도 덜어 반죽 위에 놓고 반죽을 반으로 접어주세요. 먹고 남은 카레를 넣어도 돼요. 꼭 차갑게 식혀서 사용해야 만들 때 카레 국물이 줄줄 흐르지 않아요.

5
반죽의 가장자리를 포크나 손으로 꾹꾹 눌러서 튀기는 동안 카레가 나오지 않게 해주세요.

6
양면에 우유를 살짝 바르고 빵가루를 묻혀주세요.

7
160℃ 기름(튀김젓가락을 넣었을 때 천천히 거품이 올라오는 상태)에 갈색 빛이 돌 때까지 튀기면 완성.

생크림과 과일이 한가득!
딸기바나나크레페

전 생크림을 아주 좋아해요.
그래서 일반 스펀지케이크를 먹으면 항상 생크림이 모자라다 싶달까요.
이건 부드럽고 얇은 크레페 안에 생크림이 듬뿍 들어 있어서
저 같은 생크림 러버들이 완전 사랑할 만한 디저트예요.
생크림과 함께 상큼한 딸기와 달콤한 바나나가 환상의 맛을 내는 크레페,
이젠 집에서 간단히 만들어보아요~

クレープ
크레프

Ready » 6개분

주재료 딸기 6개, 바나나 1개, 생크림 200cc, 설탕 1+1/2큰술, 초콜릿시럽 6큰술

반죽 재료 밀가루 200cc, 달걀 1개, 우유 200cc, 설탕 1작은술, 녹인 버터 1큰술, 바닐라에센스 약간

바닐라에센스는 생략 가능해요.

1 우유와 달걀을 거품기로 섞은 후 체에 쳐서 곱게 만든 밀가루를 세 번에 나눠 넣어 가며 뭉치지 않게 섞어주세요.

2 1의 반죽에 설탕 1작은술, 녹인 버터 1큰술, 바닐라에센스 2~3방울을 넣고 잘 섞은 후 체에 한 번 내린 뒤 냉장고에 잠시 넣어주세요. 반죽을 식히지 않으면 구울 때 프라이팬에 잘 달라붙어요.

3 얼음물에 생크림과 설탕 1+1/2큰술을 넣은 볼을 넣고 거품기를 이용해 생크림이 뿔이 설 때까지 잘 섞어주세요.

4 코팅이 잘된 프라이팬을 중간 불로 달군 다음 2의 차게 식힌 반죽을 1국자 퍼서 넣고 프라이팬을 천천히 돌려가며 얇게 펴준 뒤 색상이 노르스름하게 바뀌면 꺼내주세요. 크레페는 굳이 양면을 굽지 않아도 된답니다.

5 구워진 크레페는 가장자리가 얇아 부스러지기 쉬워요. 구운 다음 뚜껑을 덮고 차게 식히면 부드러운 상태가 됩니다.

6 딸기는 꼭지를 따고 깨끗이 씻어 물기를 빼고 바나나는 반으로 잘라주세요.

7 식은 크레페 위에 생크림과 과일을 얹고 돌돌 말아준 다음 초콜릿시럽을 뿌려 내세요.

초콜릿시럽이 없을 땐 코코아 가루 6큰술, 물 2큰술을 넣고 전자레인지에 데워 잘 녹인 후 차갑게 식혀 사용하세요.

오븐 없이 만드는 케이크
밀푀유케이크

일본은 생일 케이크가 유난히 비싼 관계로(제대로 된 거 살려면 기본 3만 원은 훌쩍)
집에서 스펀지케이크를 구운 후 생크림을 발라 케이크를 만들곤 했는데
밀푀유케이크를 만난 이후론 가족 생일에는 무조건 이 밀푀유케이크를 만들고 있어요.
프라이팬으로 간단하게 만들 수 있고 시간도 얼마 안 걸리면서 정말 맛있거든요.
그치만 다섯 식구라 다섯 번 다 같은 밀푀유를 만들긴 그래서
딸기, 바나나, 블루베리, 초콜릿 등 올리는 재료를 바꿔가며 만들고 있어요.

크레프노밀피유

クレープのミルフィー

Ready >> 지름 25cm 케이크 1개분

주재료 밀가루 2컵, 달걀 2개, 우유 400cc, 바닐라에센스 약간, 설탕 2작은술, 버터 2큰술, 딸기 적당량, 생크림 200cc, 설탕 4큰술

Recipe

1

크레페 레시피대로 크레페를 만든 후 (284쪽 '딸기바나나크레페' 레시피 참조) 뚜껑을 덮어서 차갑게 식혀주세요. 분량대로 만들면 25cm 크레페 13장 정도가 나와요.

2

꼭지를 떼고 깨끗이 씻은 딸기를 냄비에 넣고 으깬 다음,

3

설탕 2큰술을 넣고 잼 상태가 될 때까지 끓인 후 차갑게 식혀주세요.

4

차가운 얼음물에 볼을 놓고 생크림과 설탕 2큰술을 넣고 뿔이 설 때까지 거품기로 저은 후 3의 식혀둔 딸기잼을 넣어 잘 섞어주세요. 시판 딸기잼을 사용하셔도 돼요.

5

접시에 1의 크레페를 한 장 얹고 4의 딸기 생크림을 얇게 펴 바르고 그 위에 크레페를 얹는 것을 반복해주세요.

6

맨 위에 크레페를 깔고 차갑게 식힌 후 딸기로 장식해주세요.

도후도나츠

도넛 전문점 따라잡기
두부도넛

일본의 유명한 도넛 전문점 '남자 도넛'에서 폰데링을 먹어본 다음
쫄깃한 도넛을 완전 사랑하게 되었어요~
도넛 만들 때 핫케이크 믹스에 우유 넣고 달걀 넣고 해야 하는데
이건 온리 두부만 넣고 만들어도 신기하게 수분도 적당하고 쫄깃함이 있더라고요.
제가 만들고 제가 신기해 하며 몇 개씩 막 드링킹!

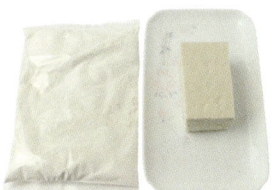

Ready >> 25개분

주재료 핫케이크 가루 200g, 두부 1/2모(200g), 설탕 적당량, 식용유 적당량

Recipe

1 두부를 볼에 넣고 핫케이크 가루를 넣고 오늘의 분노를 여기서 막 표출하며 조물조물 섞어줘요. 두부 입자가 보이지 않을 정도로 반죽해주세요. 물은 필요 없어요.

2 이렇게 하면 보통 도넛 반죽보다는 조금 더 끈적한 상태가 돼요.

3 손에 찐득한 거 묻히기 싫으니까 숟가락에 식용유를 살짝 묻혀 한입 크기로 퍼주세요.

4 160℃ 기름(튀김 젓가락을 넣었을 때 천천히 거품이 올라오는 상태)에 도넛을 튀겨주세요. 기름 온도가 너무 높으면 겉은 타서 쓴맛이 나고 속은 안 익어서 입안에서 밀가루 반죽 맛을 느끼는 수가 있으니 주의해주세요.

5 다 튀겨진 도넛은 튀김망에 올려 잠시 식혀주세요.

6 두부 넣은 도넛은 단맛이 적은 편이에요. 달게 먹고 싶다면 도넛이 따뜻할 때 설탕 위에 돌돌 굴려주세요.

index

ㄱ

가람마살라 •251
가자미조림 •176
가지가츠오절임 •44
가지미소볶음 •46
가츠오부시 •15
간장반숙달걀 •27
감자 삶기 •179
감자고로케 •178
감자그라탱 •30
감자미소시루 •76
감자샐러드 •28
경단꼬치 •277
고기메밀소바 •139
고등어미소조림 •174
고야참플 •260
고추기름 만드는 법 •18
고추기름오이무침 •239
곱창전골 •86
광어회오차즈케 •123
굴미소조림 •184
규동 •104
김치오징어회낫토 •40
꼬치튀김 •256

ㄴ

나베우동 •130
나폴리탄 •150
낫토볶음밥 •114
냉동 참치 해동 방법 •242
냉라멘 •142
냉소면 •144
녹차젤리 •270
니쿠미소 •62

ㄷ

다시마 육수 만드는 법 •16
다시마가츠오 육수 만드는 법 •16
다이콘교자 •218
단달걀말이 •26
단호박조림 •58
달걀말이 •24
달걀볶음밥 •112
닭육수가루 •15
닭츠쿠네 •230
당근달걀볶음 •254
대구무니엘 •177
데리야키치킨 •168
데리야키피자 •280
돈가스 •160
돈가스 튀기는 노하우 •161
돈가스샌드위치 •274
돈가스카레 •110
돈지루 •84
돼지고기미소볶음 •48
돼지혀소금구이 •243
두부도넛 •288
두부미역미소시루 •72
두부스테이크 •50
두부조림 •170
두부튀김 •164
딸기모찌 •266
딸기바나나크레페 •284

ㄹ

롤캐비지 •228

ㅁ

마구로즈케돈 •98
만능간장 소스 만드는 법 •17
멍게라멘 •258
멘치카츠 •166
면쯔유 •14
면쯔유 만드는 법 •17

명란젓스파게티 •146
명란젓오차즈케 •122
명란젓토스트 •276
모리소바 •132
몬자야키 •198
문어초무침 •237
문어튀김 •235
미네스트로네 •89
미림 •14
미소간장오니기리 •94
미소냉국 •88
미소니코미우동 •246
미소돈가스 •248
미소된장 •14
미소라멘 •140
미소죽 •121
밀크푸딩 •268
밀푀유케이크 •286

ㅂ

바지락찜 •224
방어무조림 •172
배추미소시루 •73
배추에 따른 소금의 양(절임 요리) •65
배추조림 •60
버섯미소시루 •75
버섯조림 •53
베니쇼가 •15
부추무침 •66
부타돈 •106
비지볶음 •42

ㅅ

사과젤리 •271
사천식 마파두부 •232
새우조림 •159
생강돼지고기구이 •156

생강미소오뎅 •263
샤브샤브 •202
센베지루 •252
소고기감자조림 •158
소고기카레라이스 •108
소금간장닭꼬치 •222
소보로돈 •120
소스야키소바 •136
수프카레 •250
숙주볶음 •38
스시노코 •15
스키야키 •200
스키야키고로케 •180
스팀샤브샤브 •203
시금치 데치기 •33
시금치깨무침 •32
식빵 가장자리 활용법 •273

아사즈케 •67
아오노리 •15
압력솥에 고기 삶기 •109
야키교자 •214
야키우동 •128
양념냉두부 •240
오뎅탕 •82
오뎅파무침 •238
오므라이스 •118
오야코돈 •100
오이달걀샌드위치 •272
오이치즈오뎅 •241
오징어버터간장구이 •236
오징어수미소 •52
오코노미야키 •192
오코노미야키 가루 •15
오토시부타 •19
옥수수크림고로케 •181

온천달걀 •36
온천달걀샐러드 •37
와라비모찌 •278
요리술 •14
우엉조림 •34
유도후 •201
유부낫토 •41
일본식 달걀찜 •22

자몽젤리 •269
젤라틴(육즙용) •217
조개 해감하기 •74, 225
조개미소시루 •74
주시교자 •216

차슈 •61
참치마요네즈오니기리 •92
참치회간장절임 •242
채소모듬튀김 •206
채소튀김 •182
춘권 •212
츠케모노 •64
치라시즈시 •210
치보의 오코노미야키 •196
치쿠와오뎅튀김 •234
칠리새우 •226

카라시즈케 •68
카라아게 •204
카레나베 •78
카레루 •15
카레빵 •282
카레우동 •126
카츠돈 •96

콘부노츠쿠다니 •69
콩소메 •15
키리탄포 •262

타베루라유 •63
탕수육 •188
테마키즈시 •208
텐돈 •102
텐카츠 •15
텐카츠 만드는 법 •19
토마토나베 •80
톳조림 •54
통삼겹살찜 •162
튀김메밀소바 •138

ㅍ

페페론치노 •148

핫초우미소 •14
해물볶음밥 •116
해물야키소바 •134
햄버거스테이크 •154
혼다시 •14
화이트소스 만드는 법 •18
화이트크림소스그라탕 •186
후로후키다이콘 •56
히로시마풍 오코노미야키 •194

일본아줌마의
오이시이 집밥

초판 1쇄 발행 | 2011년 7월 5일
초판 14쇄 발행 | 2018년 3월 15일

글 · 요리 · 사진 | 변혜옥
발행 | (주)조선뉴스프레스
발행인 | 김창기
편집인 | 우태영
기획편집 | 김화(팀장), 박영빈
판매 | 방경록(부장), 최종현
교정 · 교열 | 김현지
디자인 | 올디자인

편집문의 | 724-6726~9
구입문의 | 724-6794, 6797
등록 | 제301-2001-037호
등록일자 | 2001년 1월 9일
주소 | 서울특별시 마포구 상암산로 34 DMC 디지털큐브빌딩 13층 (03909)

값 13,800원
ISBN 978-89-91491-90-8   13590

*이 책은 (주)조선뉴스프레스가 저작권자와의 계약에 따라 발행하였습니다.
 저작권법에 의해 보호받는 저작물이므로 무단 전재와 복제, 전송을 금합니다.
*저자와 협의하여 인지를 생략합니다.
*조선앤북은 (주)조선뉴스프레스의 단행본 브랜드입니다.

삶을 아름답고 풍요롭게 만드는 도서를 출판하는 조선앤북에서는
예비 작가분들의 소중한 원고를 기다립니다.
블로그 blog.naver.com/chosunnbook
이메일 chosunnbook@naver.com